A Inovação Diz Respeito a Todos

A Inovação Diz Respeito a Todos

Como Tornar-se Indispensável no Mundo Hipercompetitivo de Hoje

ROBERT B. TUCKER

ALTA BOOKS
E D I T O R A
Rio de Janeiro, 2016

A Inovação Diz Respeito a Todos
Copyright © 2016 da Starlin Alta Editora e Consultoria Eireli. ISBN: 978-85-7608-960-5

Translated from original Innovation is Everybody Business. Copyright © 2011 Robert B. Tucker. ISBN 978-0-470-89174-2. This translation is published and sold by permission of John Wiley & Sons, Inc, the owner of all rights to publish and sell the same. PORTUGUESE language edition published by Starlin Alta Editora e Consultoria Eireli, Copyright © 2016 by Starlin Alta Editora e Consultoria Eireli.

Todos os direitos estão reservados e protegidos por Lei. Nenhuma parte deste livro, sem autorização prévia por escrito da editora, poderá ser reproduzida ou transmitida. A violação dos Direitos Autorais é crime estabelecido na Lei nº 9.610/98 e com punição de acordo com o artigo 184 do Código Penal.

A editora não se responsabiliza pelo conteúdo da obra, formulada exclusivamente pelo(s) autor(es).

Marcas Registradas: Todos os termos mencionados e reconhecidos como Marca Registrada e/ou Comercial são de responsabilidade de seus proprietários. A editora informa não estar associada a nenhum produto e/ou fornecedor apresentado no livro.

Impresso no Brasil — Edição revisada conforme o Acordo Ortográfico da Língua Portuguesa de 2009.

Produção Editorial	Supervisão Editorial	Design Editorial	Gerência de Captação e	Vendas Atacado e Varejo
Editora Alta Books	**(Controle de Qualidade)**	Aurélio Corrêa	**Contratação de Obras**	Daniele Fonseca
	Sergio de Souza		J. A. Rugeri	Viviane Paiva
Gerência Editorial		**Marketing Editorial**	Marco Pace	comercial@altabooks.com.br
Anderson Vieira	**Produtor Editorial**	marketing@altabooks.com.br	autoria@altabooks.com.br	**Ouvidoria**
	Thiê Alves			ouvidoria@altabooks.com.br

Equipe Editorial	Bianca Teodoro	Christian Danniel	Juliana de Oliveira	Renan Castro
	Carolina Giannini	Jessica Carvalho	Mayara Coelho	Silas Amaro

Tradução	**Copidesque**	**Diagramação**	**Revisão Técnica**
Marina Boscato	Alesssandro Thomé	Ana Lucia Quaresma	Atingire

Erratas e arquivos de apoio: No site da editora relatamos, com a devida correção, qualquer erro encontrado em nossos livros, bem como disponibilizamos arquivos de apoio se aplicáveis à obra em questão.

Acesse o site www.altabooks.com.br e procure pelo título do livro desejado para ter acesso às erratas, aos arquivos de apoio e/ou a outros conteúdos aplicáveis à obra.

Suporte Técnico: A obra é comercializada na forma em que está, sem direito a suporte técnico ou orientação pessoal/exclusiva ao leitor.

Dados Internacionais de Catalogação na Publicação (CIP)

F518d   Tucker, Robert B.
          A inovação diz respeito a todos : como tornar-se indispensável no mundo hipercompetitivo de hoje / Robert B. Tucker. – Rio de Janeiro, RJ : Alta Books, 2015.
         224 p. ; 21 cm.

         Inclui índice.
         ISBN 978-85-7608-960-5

         1. Criatividade nos negócios. 2. Inovação. 3. Mudança organizacional. 4. Motivação no trabalho. 5. Empresas - Competitividade. 6. Tecnologia. 7. Eficácia organizacional. I. Título.

                                       CDU 658:159.954
                                       CDD 658.4063

Índice para catálogo sistemático:
1. Criatividade nos negócios   658:159.954

(Bibliotecária responsável: Sabrina Leal Araujo – CRB 10/1507)

Rua Viúva Cláudio, 291 — Bairro Industrial do Jacaré
CEP: 20970-031 — Rio de Janeiro
Tels.: 21 3278-8069/8419 Fax: 21 3277-1253
ALTA BOOKS   www.altabooks.com.br — e-mail: altabooks@altabooks.com.br
E D I T O R A   www.facebook.com/altabooks — www.twitter.com/alta_books

Sumário

Prefácio   *ix*

Introdução: Como Tornar-se Indispensável no Mundo
    Hipercompetitivo de Hoje   *xiii*

PARTE I: Libertando Seu Eu Indispensável   I

Capítulo I:	Faça da Inovação Seu Negócio: Diferenciando-se na Era da Ruptura, Redução de Funcionários e Descontinuidade	3
Capítulo 2:	Os Princípios da Habilidade-I: Inovação Não É Algo que Você Faz Depois de Concluir Seu Trabalho; É como Você Aborda Seu Trabalho	II
Capítulo 3:	Sua Estratégia de Inovação Pessoal: Quatro Componentes Importantes para Tornar-se Insubstituível	23

Sumário

PARTE 2: As Sete Habilidades-I Fundamentais 45

Habilidade-I nºI: **Aceite a Mentalidade**
da Oportunidade 47

Acrescente Valor a Cada
Tarefa e Projeto

Habilidade-I nº2: **Ataque as Suposições** 67

Acabe com Noções Pessoais,
Organizacionais e Industriais que
Bloqueiam o Progresso

Habilidade-I nº3: **Cultive Entusiasmo pelo**
Cliente Final 93

Tudo que Você Cria É
Seu Produto, e Cada Produto
Tem um Cliente

Habilidade-I nº4: **Pense à Frente da Concorrência** 107

Note as Tendências, Antecipe
Ameaças e Descubra Oportunidades
Ocultas

Habilidade-I nº5: **Torne-se uma Fábrica de Ideias** 127

Como Produzir Grandes Ideias
em Abundância, Mesmo sem se
Considerar Criativo

Sumário

Habilidade-I nº6: **Torne-se um Colaborador de Destaque**   151

Estimule Equipes e Departamentos para Realizar Novas Iniciativas

Habilidade-I nº7: **Construa a Aceitação de Novas Ideias**   171

Técnicas e Ferramentas para Vender Suas Inovações a Colegas de Trabalho, ao Chefe e ao Cliente Final

Notas   185

Agradecimentos   191

Sobre o Autor   193

Índice   195

Prefácio

Há muitos anos eu comecei a minha carreira depois de prestar concurso público, para a felicidade de minha mãe. Ela dizia orgulhosa que eu teria um futuro certo. Isso foi em 1982, mesmo ano em que Renato Russo, da Legião Urbana, escreveu que "o futuro não é mais como era antigamente".

A verdade é que prever o futuro é uma missão inglória. O desenvolvimento tecnológico, cada vez mais acelerado, abre um leque tão grande de alternativas, que é impossível saber para onde as coisas vão caminhar.

Mas há um caminho concreto na direção do casamento entre o novo e o esperado. Não é possível antever o futuro, mas podemos sim ajudar a construí-lo, quando atuamos como indutores e condutores de processos de transformação.

Induzir a mudança significa criar, começar um processo novo. É possível aprender a inovar a partir da observação do que pode ser mudado e da avaliação correta das alternativas possíveis para fazer com que as coisas melhorem.

E ser o condutor das mudanças significa ajudar no envolvimento das demais pessoas. Processos de inovação, especialmente quando nos referimos ao universo corporativo, só acontecem quando várias equipes, normalmente interdepartamentais, conseguem perceber que as vantagens do processo de mudança são maiores do que a manutenção do "status" atual.

Mas, se para ser indutor é necessário ter uma atitude positiva, para ser condutor é preciso desenvolver vários comportamentos específicos.

A atitude é uma disposição intelectual e afetiva que temos diante de uma determinada situação. Ela pode ser positiva, negativa ou neutra. Diante de uma mudança, por exemplo, a atitude positiva faz com que imaginemos o que é possível ganhar com o novo, e como as coisas podem melhorar.

Já o comportamento está relacionado às nossas ações, à forma como podemos criar canais de influência recíproca com outros colaboradores. Fazer conexão com as pessoas significa saber trabalhar com as diferentes formas de se pensar e entender que elas trazem imensas vantagens. Há quem prefira impor suas opiniões, conquistando um resultado oposto ao desejado. Se, em um primeiro momento, as pessoas fazem o que é ordenado, ao não se sentirem parte do processo é natural que muitos passem a boicotar as mudanças, até o ponto em que a situação retroage ao ponto inicial.

Envolvidos por tanta tecnologia, muitas vezes não paramos para pensar que a técnica não é um sinônimo de inovação, mas uma das muitas ferramentas que podem ser usadas em momentos de mudança. São as pessoas, com suas atitudes e comportamentos, que fazem acontecer a evolução.

Prefácio

Construir inovações há muito tempo deixou de ser uma opção, ou até um diferencial para as empresas. É preciso pensar e agir de forma inovadora todos os dias. Para que não seja uma obrigação, ou um modo de agir burocrático, as empresas inteligentes passaram a integrar em sua cultura o pensamento inovador, buscando desenvolver colaboradores que sejam indutores e condutores de processos de inovação.

Há, então, um perfil de profissionais que se destaca. São pessoas que conseguem enxergar uma situação indesejada e separar aquilo que causa esse problema. Quando focam na mudança dessa causa, alteram o seu efeito e, com isso, criam novas saídas e soluções. Claro que, para que isso aconteça, é necessário pensar estrategicamente, envolver e desenvolver pessoas, possuir equilíbrio emocional e ser consequente com os recursos, mantendo o foco nos resultados objetivos que devem ser alcançados.

Este livro é para você, que deseja ser um desses profissionais que se destacam. Para você que deseja se desenvolver, pensar e agir de forma inovadora, atingir resultados e fazer a diferença na sua empresa!

Nós, da Atingire, temos como propósito ajudar a desenvolver o líder dentro de cada um de nós, e assim contribuir com o sucesso das empresas. Realizamos processos de desenvolvimento provocativos, amparados por atividades de inspiração e consolidação, e construídos com mecanismos que possam identificar o resultado alcançado.

As ferramentas apresentadas por este livro seguem nessa direção. O autor destaca sete habilidades essenciais para o desenvolvimento da inovação, trazendo preciosas dicas para alimentar a melhoria de processos no dia a dia: algo que deve ser realizado por

TODOS NÓS, de modo independente da nossa área de atuação na empresa.

Certamente, o futuro não será mais como era antigamente, mas, como também dizia Renato Russo, "não temos tempo a perder"!

Edilberto Camalionte
Sócio Diretor da Atingire,
consultoria de educação corporativa
www.atingire.com

Introdução

A maioria dos livros sobre inovação busca ajudar organizações a serem bem-sucedidas. Concentram-se em como criar uma cultura de inovação, demonstram como lançar produtos inovadores e modelam a forma de estabelecer um processo de inovação que impulsiona crescimento e diferenciação. Sei disso, pois escrevi uma série desses livros desde que *Winning the Innovation Game* foi publicado pela primeira vez, em 1986.

Este livro é diferente. Este livro é sobre você.

Em um momento de ruptura econômica, reduções de funcionários nunca vistas antes e pressão constante para que se terceirizem cada vez mais funções rotineiras (e os funcionários que as executam), livros que oferecem conselhos sobre sobrevivência profissional começam a parecer superficiais e desatualizados. Sua mensagem é repetitiva: seja visível. Não faça inimigos. Paparique o chefe. E trabalhe ainda mais.

Meu palpite é que você já está trabalhando bastante, e nenhuma dessas soluções sequer começa a abordar os problemas que você enfrenta diariamente.

Introdução

Decidi escrever este livro depois de ouvir as perguntas que meu público e meus clientes estavam fazendo, como indivíduos tentando lidar com um mundo de mudança: Como posso me tornar menos vulnerável e mais valioso para minha organização em um momento de ruptura? Como "pensar fora da caixa" em meio às pilhas de trabalho, reuniões intermináveis e inúmeros e-mails?

As perguntas ocultas que comecei a perceber foram: O que devo fazer para criar maior satisfação na minha vida profissional e restaurar o equilíbrio? Como conduzir minha carreira, sustentar minha família e obter segurança em tempos tumultuados?

Depois de mergulhar profundamente nessas questões durante os últimos oito anos, minha premissa é: trabalhar muito simplesmente não será o suficiente. Contar, exclusivamente, com suas habilidades funcionais e experiência não será suficiente. E, até mesmo acumular mais anos de experiência no trabalho, não será suficiente.

A questão fundamental é: o sistema quer eliminar seu emprego. Nada pessoal, você sabe. As coisas simplesmente são assim. Mas você não tem que ceder à ansiedade.

A boa notícia é que há algo que você pode fazer para tomar as rédeas de sua carreira, se você está disposto a considerar isso. É disso que trata este livro.

POR QUE SUA EXPERIÊNCIA PODE NÃO SER SUFICIENTE

Sua organização emprega você para executar um conjunto específico de tarefas. Sua organização emprega você para que forneça determinadas habilidades e conhecimentos. Emprega-o para lidar com

Introdução

determinadas funções e, talvez, supervisionar o trabalho de outros. Talvez você seja um técnico ou engenheiro altamente qualificado. Ou lidere uma equipe de vendas ou, ainda, seja um vendedor de alto desempenho, ganhando grandes comissões. Você foi bem-sucedido em satisfazer esses requisitos. Cumpriu o que deveria cumprir. Você é altamente competente.

Como isso pode não ser suficiente? Sem dúvida está se perguntando o porquê. Faça a si mesmo as seguintes perguntas:

- Sua organização está enfrentando uma concorrência nova, potencialmente desestabilizante e de ruptura?

- A gerência sênior está pedindo que todos façam mais com menos recursos?

- O investimento de sua organização em clientes parece mais tênue do que nunca?

Se suas respostas foram sim, é por isso que sua experiência pode não ser suficiente. Suas habilidades e conhecimento especializados — não importa o quão inteligente ou altamente instruído você seja — não podem garantir seu valor para a empresa no mundo hipercompetitivo de hoje.

Para reduzir o custo de fazer negócios, as empresas estão transferindo trabalhos especializados para outros países e outras empresas. Se um trabalho pode ser "rotineiro", ou seja, reduzido a um conjunto de regras e instruções que o tornam um passo a passo, e se ele possui portabilidade, os economistas nos dizem que esse trabalho pode ser, e provavelmente será, terceirizado.

Introdução

O que resta? Os trabalhos que não podem ser terceirizados, aquelas poucas posições que são impossíveis de serem executadas à distância, ainda podem ser estáveis. A segurança do emprego exigirá uma especialização nova e rara. Essa especialização é o tema deste livro.

PRECISA-SE: HABILIDADES-I NECESSÁRIAS

O foco deste livro é ajudar você, o gerente ou o funcionário individual a ter sucesso por meio da construção e liberação de um novo conjunto de habilidades em seu trabalho e em sua vida. Eu as chamo de Habilidades de Inovação ou, abreviando, Habilidades-I.

Ao desenvolver Habilidades-I você será capaz de:

- Transformar-se de "funcionário/gerente competente" para "talento procurado e difícil de substituir";

- Fazer seu trabalho de forma mais eficaz e transformá-lo para obter mais com menos estresse e tédio;

- Descobrir oportunidades ocultas para crescer, ser promovido e alcançar "fama interna" em sua organização;

- Ajudar sua empresa a sobreviver e prosperar em época de mudanças rápidas;

- Dominar novas formas de trabalhar para superar obstáculos e produzir resultados;

- Melhorar a contribuição de valor agregado de sua equipe, grupo de trabalho ou departamento;

- Chamar a atenção da administração sênior;

Introdução

- Viver uma vida mais rica e profunda, já que terá mais diversão em sua profissão;

- Tornar-se indispensável para sua organização.

Sei que é uma grande promessa. Contudo, as pessoas que você conhecerá nestas páginas estão usando suas habilidades de inovação para alcançar esses mesmos objetivos. E se você investir tempo para construir e libertar essas habilidades, pode obter resultados semelhantes.

A mensagem deste livro está explicitada no título: a inovação diz respeito a todos. Não apenas às pessoas que trabalham no departamento de pesquisa e desenvolvimento de sua organização. Não apenas aos principais líderes de sua empresa. Não apenas ao departamento de marketing. Todo o mundo. Inclusive você.

Assim, este livro é para você, se você é um representante de serviço ao cliente em sua empresa. É para você, se você é um gerente de nível médio nas operações. É para você, se você trabalha em uma pequena empresa privada. É para você, se você trabalha no departamento de recursos humanos de uma multinacional. E, apesar do que possa ter ouvido, você pode inovar em qualquer função, em qualquer departamento e em qualquer organização, e não deve esperar autorização para começar.

A inovação é mais do que inventar novos produtos e serviços. Trata-se de descobrir como agregar valor ao local em que você está e onde trabalha. Ela é o ato de "bolar" ideias e colocá-las em prática com sucesso, para resolver problemas e criar oportunidades.

Introdução

A inovação não é algo que você deve fazer depois que termina o trabalho corriqueiro. É como você aborda seu trabalho. Trata-se da descoberta de oportunidades e de tomar a iniciativa de realizar novos projetos.

Na Parte 1, vamos olhar para a mentalidade (atitudes e maneiras de ver o mundo) necessária para ser um inovador no trabalho. Examinaremos os quatro modos de pensar, e você será capaz de entender melhor o modo que atualmente domina seu pensamento. Olharemos para as suposições e crenças equivocadas que muitas pessoas têm, como "Minha organização não quer que eu seja criativo. Só querem que façamos nosso trabalho". Ou "Tenho muitas ideias, mas ninguém para ouvi-las". Na Parte 1, irei guiá-lo através de uma série de questões que vão ajudá-lo a esclarecer onde você está e aonde quer ir, e explicarei como adotar uma mentalidade de alguém inovador para fazer sua carreira decolar.

Tornar-se indispensável em uma época de ruptura, redução de funcionários e descontinuidade é uma jornada, não um destino. É um processo de aprendizado de novas habilidades que o transformam de um funcionário ou gerente meramente competente em uma pessoa-chave procurada, em demanda e difícil de substituir, a quem os colegas procuram seguir.

Na Parte 2, exploraremos as sete Habilidades-I fundamentais que você precisa dominar para tornar-se indispensável no mundo hipercompetitivo de hoje. Elas são:

1. Você aceita a mentalidade da oportunidade em cada tarefa que realiza e em cada projeto de que participa.

Introdução

2. Você é adepto de atacar suposições: pessoal, organizacional e industrial.

3. Você tem entusiasmo pelo cliente final, seja ele interno ou externo.

4. Você é capaz de pensar à frente da concorrência no que diz respeito às tendências, ameaças e oportunidades emergentes.

5. Você sabe como fortalecer a fábrica de ideias e descobrir as ideias necessárias para impulsionar sua equipe, grupo de trabalho e organização.

6. Você é considerado um colaborador de destaque por seus semelhantes e pela organização, em virtude do valor que agrega regularmente.

7. Você é adepto de construir aceitação para suas ideias e envolver outros em sua visão.

Quando eu e minha equipe de colaboradores começamos a pesquisar para este livro, buscamos soluções para ajudar você, nosso leitor, a se tornar mais valioso, até mesmo indispensável, para a sua organização e para si mesmo. Eu estava ouvindo perguntas que as pessoas faziam, mas nunca articulei, muito menos encontrei respostas satisfatórias para elas.

Ainda assim, ao entrevistar dezenas de líderes experientes, ficou claro que simplesmente subir na cadeia alimentar onde trabalhavam era apenas uma recompensa por dominar as Habilidades-I. A outra era aquela que indicava que esses indivíduos também haviam criado a própria satisfação no emprego. Eles mal podiam esperar para chegar ao trabalho. Eles amam o que fazem. Dão o melhor de si e estão profundamente engajados e recompensados, muito além de simplesmente receber um salário.

Como um gerente expressou, "Nunca senti tanta satisfação fazendo meu trabalho como sinto agora. Não é só porque estou ajudando minha empresa a sobreviver e ter sucesso. Posso gerenciar uma ótima equipe e estou vivenciando uma experiência incomparável".

Se você está pronto para transformar a si mesmo e levar sua carreira e sua vida para o próximo nível, está pronto para transformar a inovação na fonte de sua força secreta. Se está pronto para liderar e contribuir de forma totalmente nova, também está para ir trabalhar aprendendo e aplicando as habilidades e as ferramentas que descobrirá neste livro. Você foi posto na Terra com um propósito. Este livro pode ajudá-lo a descobrir qual é... bem onde você está, bem onde você trabalha, começando agora.

PARTE 1

Libertando Seu Eu Indispensável

Capítulo 1

Faça da Inovação
Seu Negócio

Diferenciando-se na Era da Ruptura, Redução de Funcionários e Descontinuidade

Meu trabalho com organizações em mais de 35 países revela que, apesar de tanto se falar sobre inovação, o fenômeno ainda é um tema intimidador para a maioria. Os indivíduos que pesquisei e com quem conversei parecem perceber a necessidade de desenvolver novas aptidões de liderança para além de sua especialização funcional, mas estão confusos sobre o que devem fazer ou quais podem ser essas habilidades.

As habilidades que este livro explora não são ensinadas nas universidades ou nas escolas de negócios. Os anúncios de emprego não as mencionam. Elas não são pontuadas na maioria das avaliações de desempenho.

Aquelas que exploraremos nestas páginas têm menos a ver com a educação formal ou inteligência bruta do que com atitude, percepção, intuição, esperteza, colaboração, paixão e criatividade. Juntas, constituem um novo e poderoso tipo de conhecimento, que, uma vez desenvolvido, faz de você um colaborador raro e muito necessário.

O SURGIMENTO DE LÍDERES ADEPTOS DA INOVAÇÃO

Após 23 anos no campo da inovação, e depois de entrevistar 43 gerentes e colaboradores de destaque para este livro e estudar a literatura, identifiquei o que é preciso para ser um jogador de sucesso nesse admirável mundo novo dos negócios.

O que descobri foram colaboradores estabelecidos e altamente respeitados que haviam desenvolvido habilidades não convencionais, além daquelas funcionais e de execução. Em todas as entrevistas que fiz, o que me impressionou nesses colaboradores, repetidas vezes, foi sua reputação, em primeiro lugar e acima de tudo, por competência. Eram bons membros de equipe e colaboradores, com resultados precisos, cumprindo prazos, alcançando metas e executando seu trabalho de forma consistente. Tudo isso, além de suas habilidades de inovação, garantiu-lhes o selo de indispensável para a organização.

Onde eles começaram a trabalhar para obter esse elevado status? Eles cresceram onde foram plantados, seja na área de cuidados, gestão de folha de pagamento ou instalações, marketing ou algum departamento recém-criado. No início, eram pequenos brotos de originalidade, notados apenas pelos colegas ou pelo chefe. Mas, a partir daí, desenvolveram a reputação de pessoas que sabem resolver problemas e fazer coisas novas.

Diferente dos dissidentes forasteiros sociais retratados na mídia como verdadeiros inovadores, encontrei pessoas humildes, colaborativas, com espírito de equipe e que, independente do cargo ou posição, estavam, em silêncio, fazendo as coisas avançarem. Encontrei pessoas que estavam à altura do desafio e desenvolveram as aptidões e habilidades de que suas organizações precisavam, mas, muitas vezes, não sabiam como pedir.

Elas haviam desenvolvido Habilidades-I: a capacidade de detectar novas oportunidades em todas as mudanças e reviravoltas em seus setores, estimular a colaboração interfuncional, combater a repressão burocrática, conduzir iniciativas e envolver equipes, departamentos e colegas de trabalho. Elas são especialistas em criar valor para clientes externos e internos.

O que encontrei foram indivíduos que:

- Produzem e implementam novas formas de organizar seus próprios departamentos;

- Descobrem abordagens inteligentes para cortar custos;

- Integram diferentes culturas após uma fusão;

- Criam formas inesperadas de satisfazer os clientes;

- Desenvolvem novos centros de lucros para substituir modelos de negócios falhos.

Profundamente comprometidos com seu trabalho, esses indivíduos prosperam em meio ao caos. Gostam de explorar o território desconhecido, empregando prudência, com base em suas reputações sólidas, e construindo uma gama mais ampla de habilidades. Eles conseguiram o que chamamos de "lugar ao sol"— a gestão sênior os procura e os escuta. Muitos de meus entrevistados compartilharam algo mais profundo. Como um gerente expressou: "Tenho muita autonomia no meu trabalho e posso trabalhar em alguns projetos maravilhosos. Também trabalho com algumas pessoas muito inteligentes que sempre me mantêm ocupado. São muito divertidos e há algo novo todos os dias. Nunca pensei que gostaria tanto de trabalhar".

PREPARE-SE PARA LIDERAR O FUTURO

Por um instante, pense nos líderes de sua organização. Provavelmente eles olham para essa economia global hipercompetitiva e veem algo preocupante. Veem a maioria das organizações de hoje com problemas para conciliar a oferta e procura. Há excesso de oferta de especialistas altamente competentes e qualificados na folha de pagamento, mas escassez daqueles que podem ajudar a transformar a organização para enfrentar os desafios de um mercado em grande mudança.

O líder de sua organização preside em uma cultura projetada para oferecer excelência operacional e executar funções de rotina em um mundo mais ou menos constante. Seu chefe olha para um vasto mar de funcionários que atendem a objetivos estabelecidos e executam de acordo com as medidas de desempenho-chave.

Provavelmente, o principal líder de sua organização vê apenas um pequeno grupo de funcionários com as habilidades necessárias para ir além das responsabilidades descritas em seus cargos. Essas são as pessoas-chave que podem desenvolver formas criativas de agregar valor às suas organizações. São os poucos com habilidade de inovação.

Talvez agora você não sinta que sua organização está preocupada com inovação. Talvez você não ache que seu emprego ou sua empresa está em perigo iminente. Ela acabou de ter um trimestre decente, sua mais recente avaliação de desempenho foi brilhante e toda essa conversa sobre ruptura parece remota.

Mas a nova realidade é que isso tudo pode mudar em um instante. As empresas, mesmo as "grandes", passam de campeãs para perdedoras quase que da noite para o dia. Em algum lugar existe uma ruptura com o nome de sua empresa. O mundo estável acabou, e sua empresa precisa que você faça mais do que cumprir os requisitos de seu trabalho.

Sua Organização Precisa de Você para Inventar o Futuro

Neste momento, inovação pode nem mesmo ser tema de muita discussão em sua empresa. Por que você deve se preocupar com inovação se sua empresa não se preocupa? Porque você pode agregar valor agora. E saiba de uma coisa: quando uma crise ocorrer, a inovação se tornará subitamente o principal assunto. Quando as organizações encontram sua fonte de inovação vazia e sua perspectiva de crescimento é desanimadora, a inovação volta a piscar no radar. Nesse ponto, a liderança sênior emitirá um boletim para encontrar ideias que "podemos antecipar no mercado, e... Oh! A propósito, precisamos de alguns 'tipos inovadores' para liderar. Encontre-os".

Se você desenvolveu Habilidades-I, será sua vez de brilhar. Você verá seu valor crescer. Será solicitado a contribuir para novos projetos e para formar novas equipes.

Você tem uma escolha a fazer.

Pode continuar fazendo o que você faz da maneira como sempre fez, pode esperar que esses ventos com força de um furacão não o afetem, ou pode escolher participar de forma inovadora. Se você está pronto para explorar como isso seria em sua carreira e em sua vida, está pronto para dar o primeiro passo para fazer sua carreira decolar.

QUAL É SEU QUOCIENTE DE INOVAÇÃO?

A seguir, estão as 16 dimensões que irão ajudá-lo a avaliar seu quociente de inovação (QI). Ao contrário de quociente de inteligência, essas habilidades podem ser aprendidas. Em um pedaço de papel, avalie-se dando notas de 1 e 10 em relação a quanto você, seus colegas de trabalho e seu chefe concordariam com as seguintes afirmações sobre você.

☐ Abordo meu trabalho e minha contribuição com a mentalidade da oportunidade.

☐ Demonstro iniciativa e resolvo problemas com uma atitude positiva.

☐ Vejo a situação como um todo.

☐ Lembro-me constantemente de pensar grande.

☐ Sou voluntário para liderar novas iniciativas e me envolver em projetos relacionados com o futuro de minha organização.

☐ Tento me alinhar com os objetivos estratégicos da liderança sênior de minha organização.

☐ Envolvo-me profundamente com as pessoas de minha empresa e trabalho para melhorar minhas habilidades de colaboração.

Faça da Inovação Seu Negócio

☐ Tenho verdadeira paixão por servir o usuário final (cliente interno ou externo).

☐ Busco maneiras de assumir o problema do cliente.

☐ Costumo assumir riscos calculados.

☐ Colaboro em equipes interfuncionais de forma eficaz.

☐ Vejo através das barreiras e obstáculos para alcançar meus objetivos.

☐ Feedbacks são bem-vindos e uso-os para crescer.

☐ Sou orientado por ideias e constantemente as reúno para criar oportunidades.

☐ Trabalho para construir uma rede de pessoas que valorizo e pelas quais sou valorizado.

☐ Vendo minhas ideias de forma eficaz e trabalho para envolver e transformar outros segundo minha visão.

Meu total:_____

Ao concluir a pesquisa, você considerou a percepção que seus colegas de trabalho têm de você ou respondeu com base em sua autopercepção? Lembre-se de que não se trata apenas de como você se vê. Trata-se do que você fez e daquilo pelo que é reconhecido como sendo capaz de fazer no futuro.

Se você marcou 120 ou mais pontos, parabéns. Já desenvolveu algumas Habilidades-I. Pode usar este livro para considerar áreas em que pode encorajar outros a aprimorar suas habilidades de inovação.

Se você classificou-se entre 90 e 119, ainda está à frente da maioria de seus colegas, mas precisa desenvolver algumas habilidades se quer agregar valor a sua organização e turbinar sua carreira no processo.

Se você ficou abaixo de 90, não desanime. Saiba que estas são novas habilidades para a grande maioria das pessoas, habilidades que elas não precisaram desenvolver para serem bem-sucedidas no passado. Depois que você aprender mais sobre o que são e como dominá-las, poderá usá-las diariamente em seu trabalho para impulsionar sua carreira, divertir-se mais no processo e subir na cadeia alimentar.

No capítulo a seguir, começaremos a explorar essas aptidões que costumam ser mal compreendidas, concentrando-nos primeiro no que eu chamo de Princípios de Habilidade-I.

Capítulo 2

Os Princípios da Habilidade-I

Inovação Não É Algo que Você Faz Depois de Concluir Seu Trabalho; É como Você Aborda Seu Trabalho

Recentemente, foi perguntado a Anne Mulcahy, a diretora executiva (CEO) que reviveu a Xerox depois de um encontro com a falência, se ela busca diferentes qualidades nos candidatos em comparação aos anos anteriores.

"Buscamos adaptabilidade e flexibilidade", ela respondeu. "Temos que mudar o tempo todo. As pessoas que se saem melhor são aquelas que realmente sentem a necessidade de mudar e desfrutam da falta de definição em suas funções e no que podem contribuir."

Questionada sobre como percebe se uma pessoa tem essa qualidade, ela explicou que a Xerox, agora, analisa no candidato o "apetite não apenas para planos verticais de carreira, mas para o que chamo de experiências horizontais, em que não se trata apenas do cargo ou da próxima camada na hierarquia. E há esse desejo de aprender coisas novas, de agarrar-se a coisas que eram um tanto não tradicionais".

Neste livro, você encontrará habilidades não tradicionais. Elas exigirão que você aprenda novos caminhos, que você adote uma nova mentalidade. Mas, antes de nos aprofundarmos em explorar aptidões específicas, precisamos definir o que significa *inovação*. Há muitos equívocos sobre essa palavra.

Inovação é o ato de "criar ideias e dar-lhes vida". Sempre que você tem uma ideia — grande, ousada e que mude as regras inteiramente, até para "pegar a roupa na lavanderia quando voltar para casa" —, está envolvido no processo de inovação, que é inventar, executar e repetir. Mesmo se você já pegou a roupa na lavanderia 100 vezes? Sim. Inventar uma ideia inovadora para a empresa? Idem. A fórmula: invente, execute e repita.

Então, como isso acaba com um grande mito em torno da inovação e quem pode participar do jogo da inovação? Na verdade, não se trata apenas disso, portanto, neste capítulo começaremos nossa exploração das Habilidades-I examinando o que eu chamo de quatro Princípios das Habilidades-I. São eles:

---

1. **Inovação não é algo que você faz depois de concluir seu trabalho; é como você faz seu trabalho.**
2. **Inovação vai além de inventar novos produtos. Trata-se de descobrir como agregar valor onde você está.**

Os Princípios da Habilidade-I

> 3. Você pode inovar em qualquer emprego, qualquer departamento ou qualquer organização.
> 4. Inovação é agir.

Analisemos esses itens um por um.

PRINCÍPIO I: Inovação não é algo que você faz depois de concluir seu trabalho; é como você faz seu trabalho.

Inovação trata de abordar o trabalho diário e os desafios que enfrentamos com a mente aberta e uma atitude positiva e criativa. Trata de buscar soluções não convencionais para os problemas. No trabalho, é olhar para tudo que você faz e descobrir onde pode melhorar, ser mais rápido, com menos movimentos, de forma a agregar valor para os clientes internos e externos.

Em vez de abordar apenas uma única tarefa com a atitude "Ok, agora eu tenho que ser criativo", o inovador aborda tudo na vida com essa atitude. Em vez de olhar para "ser criativo" como algo que você precisa fazer conscientemente, veja-o como algo que você faz inconscientemente, como respirar.

"No meu trabalho, parece não haver tempo para ser criativo", disse-me um colaborador individual. "Você é forçado a ser muito orientado para a operação. É vai, vai, vai o dia todo, todos os dias. Mas eu me forço para [incluir] criatividade como parte do meu trabalho. Sempre penso, 'Existe uma maneira mais criativa de fazer isso? Existe uma maneira melhor? Esta tarefa pode ser eliminada?' Acredito que eficiência é uma arte. Diariamente busco maneiras de poupar tempo. Pergunto-me se isso está agregando valor. Se não está, é eliminado."

A Inovação Diz Respeito a Todos

Pessoas comuns "inovam" diariamente. Encontram meios um pouco melhores e mais fáceis de realizar alguma tarefa rotineira. Descobrem novas maneiras de fechar uma venda, projetar um slide inteligente, aumentar a produção ou atender ao pedido de um cliente interno para uma solução para um problema que nunca surgiu antes. A lista é enorme. E, às vezes, elas percebem uma oportunidade com grande potencial, que é o que aconteceu com um gerente de instalações.

Paulette I., gerente de instalações, recebeu um telefonema do novo chefe pedindo ajuda na transformação de um setor. "Eu trabalhava em um grande banco, auxiliando o chefe da divisão de cartão de crédito", explica ela. "Ele queria criar uma cultura diferente. Fiquei inspirada. Comecei a pesquisar como o espaço de trabalho poderia agregar valor à cultura. Pensei muito sobre o que poderia significar para mim como gerente de instalações. Cheguei à conclusão de que isso significava que eu precisava olhar adiante, antecipar nossas necessidades no futuro e não esperar que a gestão descobrisse como os gerentes de instalações poderiam ajudar. Eu precisava ir até eles, e foi o que fiz."

A função básica do gerente de instalações é fornecer espaço para as pessoas trabalharem. "Nessa profissão, muitas pessoas param por aí", disse Paulette. "Durante anos, conversamos em nossa associação profissional sobre ser mais estratégicos. Muitas vezes isso significava gestão do ciclo de vida dos edifícios, procura por maiores economias de custos e edifícios ecológicos. Para mim, ser estratégico significa algo diferente. Significa inovar, encontrar maneiras novas e melhores de fazer as coisas", explica ela. "Não existem regras rígidas e rápidas para fazer o que faço. As coisas estão mudando tão rápido que você é confrontado diariamente com problemas e situações que nunca enfrentou antes, e exerço essa função há 20 anos."

A mesma atitude de experimentação que permeia o laboratório de pesquisa pode preencher todas as áreas de seu pensamento. Trata-se de "bolar" possibilidades e transformar ideias em ação para resolver problemas e criar oportunidades — para você mesmo, sua equipe, sua empresa e sua carreira. Não é algo que você faz depois de concluir seu trabalho. É *como* você faz seu trabalho.

PRINCÍPIO 2: Inovação vai além de inventar novos produtos; trata-se de descobrir como agregar valor onde você está.

Vários anos atrás, fui convidado para dar uma palestra na convenção anual da American Payroll Association, em Las Vegas. Várias semanas antes, pedi os nomes de alguns de seus membros de destaque para entrevistá-los sobre a profissão. Foi assim que conheci Brent Gow, que tinha acabado de ser nomeado o Payroll Person do Ano.

Brent observou que o gerente tradicional da folha de pagamento não era um modelo de inovação. "A piada era que o cara tradicional da folha de pagamento sabia de cor o número do seguro social de todos, conhecia o CPF como a palma de sua mão e estava apaixonado por papel", explicou.

Mas Brent não trabalha para uma empresa tradicional. Ele trabalha para a Starbucks, uma empresa que cresceu, em cerca de 15 anos, de 340 para 16 mil lojas em 50 países[1]. Brent chefiou o departamento de folha de pagamento nessa época. Ele conseguiu

---

[1] http://www.starbucks.com/about-us/company-information/starbucks-company-timeline. Acesso em 1 set. 2015.

reduzir os custos da folha de pagamento em mais de 50% durante esse período, enquanto adicionou, em alguns anos, cerca de 100 mil novos funcionários. Como ele fez isso?

Fazendo da inovação seu negócio.

"Com os custos da contratação de pessoas subindo, perguntei para mim mesmo, em dado momento, o que o departamento de folha de pagamento poderia fazer para diminuí-los? Havia muita coisa. Começamos tentando eliminar o papel completamente, desenvolver o autosserviço e automatizar tudo o que era possível. Inventamos métricas — verde, amarela, vermelha — para demonstrar a várias lojas como estavam se saindo com relação à precisão, porque quanto mais precisão, menos retrabalho e menor é o custo de operação do departamento."

Observe como Brent não está pensando apenas na eficiência. Ele também está preocupado com a eficácia. Isso significa considerar como seu departamento pode agregar valor para os clientes internos a quem seu departamento serve, sejam eles funcionários da sede ou baristas localizados em Starbucks de todo o mundo.

Observe como Brent agrega valor ao que muitos podem considerar trabalho de rotina, um departamento maçante. E esteja ciente de outra coisa: a reformulação de pensamento de Brent ocorreu durante períodos de bonança na Starbucks, quando a empresa estava crescendo rápido e fluindo, um lugar em que experiência era tudo, o corte de custos era uma preocupação distante e novas lojas estavam abrindo em um ritmo frenético.

Quando aconteceu a Crise Econômica Global de 2008, tudo mudou. De repente, cafés de 12 reais tornaram-se luxos exorbitantes.

O McDonald's atacou com McCafés. O Dunkin' Donuts começou a servir café premium. A Starbucks foi forçada a fechar 800 lojas, demitir cinco mil funcionários, cortar US$500 milhões em custos, oferecer descontos, anunciar e buscar outras maneiras de se tornar eficiente.

Como Brent estava à frente da concorrência, ele estava no lugar certo, com a mentalidade certa para ajudar seu chefe a cortar gastos e sua empresa a sobreviver. Ele diz: "Cada vez mais, querem que eu crie a estratégia. Tornei-me um consultor interno para a Starbucks". A inovação é mais do que criar produtos; é compreender onde você pode adicionar mais valor ao local em que você está.

PRINCÍPIO 3: Você pode inovar em qualquer emprego, qualquer departamento, qualquer organização.

Muitas vezes ouvi as pessoas verbalizarem a suposição de que "Minha empresa não quer que eu seja criativo. Só quer que façamos nosso trabalho". A questão não é se a inovação é desejada e necessária em sua empresa, mas onde e quando.

"Como auditor de primeiro ano, não sou encorajado a ser inovador", resmunga Jonathan A., em uma empresa de contabilidade em Los Angeles. "Recebemos grandes quantidades de trabalho tedioso, que precisamos concluir da forma mais precisa e rápida possível. Eles não querem que sejamos criativos ou tentemos fazer do nosso jeito. Muitas vezes, meus colegas e eu sentimos que poderíamos melhorar os procedimentos, mas isso é desencorajado. Querem que a gente ouça as instruções e completemos as tarefas exatamente como nos foi dito, sem resistência."

Muitos trabalhadores jovens, sem dúvida, identificam-se com Jonathan. Ele é brilhante, ambicioso e disposto a fazer mudanças. Ele também está na fase de aprendiz de sua carreira, assim, inovação ainda não é algo adequado. Ser um bom aprendiz significa dominar como as coisas são feitas em sua organização e permitir-se surpreender por elas funcionarem tão bem.

Seja curioso quando um funcionário ou gerente veterano explica a você por que as coisas são feitas de certa maneira. Escute aquela voz em sua cabeça quando você vê um jeito melhor de fazer algo. E em seguida canalize essa mentalidade de detecção de oportunidades e de ter uma visão geral para como você faz seu trabalho.

Durante nossa conversa, Jonathan mencionou que, muitas vezes, precisa "comer horas". Ele explicou: "Digamos que eu receba uma tarefa para concluir e estimaram 10 horas para terminá-la. Trabalho arduamente, mas demoro 12 horas. Posso reservar 12 horas e parecer ineficiente ou reservar apenas 10 e ficar bem. Se eu fosse cobrar 12 horas por esse projeto, meu gerente iria me questionar. O RH iria querer saber por que precisei de tanto tempo. Eu teria que escrever um memorando explicando todas as questões. É muito mais fácil simplesmente comer as horas".

"Alguns dos seus colegas do primeiro ano não precisam comer horas?", perguntei. "Eles descobriram como reduzir o tempo e ainda seguir os procedimentos?" Jonathan diz que "os inovadores aqui são os funcionários mais eficientes, eliminando testes desnecessários, descobrindo maneiras mais rápidas de terminar tarefas, testando várias coisas ao mesmo tempo etc. Inovação seria descobrir o que eles fazem e que você não faz. Pergunte a eles sobre suas técnicas e faça mudanças em seus métodos."

Certamente, existem aqueles trabalhos em que, à primeira vista, a inovação não pareceria ser da conta de ninguém. Não queremos qualquer pensamento inovador em pilotos de avião durante o voo, certo? Queremos que eles sigam as regras, cumpram com procedimentos e nos levem em segurança ao nosso destino.

Mas e quando o piloto não está pilotando o avião? Ele não seria capaz de contribuir com ideias para aumentar a segurança ou reduzir o consumo de combustível ou o tempo de resposta em aeroportos? No contexto errado, desviar-se de um procedimento estabelecido para experimentar uma nova ideia seria uma grave violação da política da empresa. Mas, no contexto certo, qualquer função em qualquer departamento em qualquer organização pode se beneficiar de uma injeção de criatividade — desde que isso seja feito no contexto e no momento adequados.

Se eu não tivesse sondado ainda mais a situação de Jonathan, estaria convencido de que ele encontrou uma delas. Conforme demos continuidade à conversa, ele disse: "A empresa pede que aprendamos a fazer as coisas à sua maneira nos primeiros anos. Quando somos promovidos, podemos tentar fazer as coisas do nosso jeito, com responsabilidade total por nossas tentativas".

PRINCÍPIO 4: Inovação é agir.

A enfermeira Sue Kinnick estava encarregada de rastrear e reduzir erros médicos no Veterans Hospital, em Topeka, Kansas. A pesquisa de Sue mostrou que erros com a medicação — administrar o medicamento errado, a dosagem errada ou duplicada — eram comuns. A estimativa é de que ocorreram 770 mil erros de medicação a cada ano nos hospitais norte-americanos, enquanto casos não denunciados não foram relatados.

Em uma viagem para Seattle, quando um funcionário da locadora de automóveis leu um código de barras em seu contrato e emitiu um recibo, um pensamento veio à mente de Sue: "Se podem fazer isso com aluguel de carros, por que não podemos fazer isso com medicamentos?". Ela estava tão animada com a ideia que quase perdeu o voo.

Quando chegou ao seu escritório, Sue estava convencida de que um sistema de código de barras no hospital tinha potencial para reduzir significativamente os erros médicos e salvar muitas vidas. Um benefício adicional foi que isso aperfeiçoaria o processo de entrega de medicamentos controlados para os pacientes. Sue e sua equipe tornaram-se campeões apaixonados pelo novo método, tiveram um capital inicial de US$50 mil aprovado, construíram um protótipo, trabalharam com o fabricante do leitor de códigos para desenvolver uma tela maior e colaboraram com desenvolvedores de software. Conduziram o sistema em uma ala de tratamento de longo prazo, com 30 leitos, durante um ano, e depois distribuíram para todo o hospital Topeka. Logo, todo o sistema VA foi convertido para a fórmula de Sue.

No hospital Topeka, onde Sue trabalhou, erros envolvendo medicação ou dosagem errada foram reduzidos em dois terços. Erros envolvendo o paciente errado ou a medicação dada na hora errada foram reduzidos em mais de 90%. Embora o câncer de mama tenha encurtado sua carreira, Sue estendeu sua jornada o máximo possível. No dia em que morreu, disse aos seus colegas, reunidos ao redor dela no hospital, para que continuassem buscando maneiras de reduzir erros com a medicação e servir bem todos os pacientes.

Como todos nós, Sue poderia ter tido uma boa ideia e não tê-la levado adiante. Poderia ter culpado a burocracia. Ou ter se convencido de que inovar um método estava "além da descrição de seu trabalho". Poderia ter passado a ideia para outra pessoa executar. Mas não o fez — ela agiu. Superou obstáculos, construiu a aceitação de sua nova ideia e se recusou a aceitar um "não" como resposta.

Sue Kinnick sabia que não é suficiente ter uma ideia boa. Você também tem que agir.

APLICANDO OS QUATRO PRINCÍPIOS DA HABILIDADE-I NA PRÁTICA

Você pode, de imediato, aplicar esses quatro princípios da Habilidade-I. Você pode se tornar um voluntário. Esses princípios mostram que a inovação é uma mentalidade, não um cargo. Inovação significa agregar valor. Inovação é possível para todos. E inovação é ação.

Você não precisa esperar por aquela promoção para começar a desenvolver suas Habilidades-I. Pode começar agora mesmo, em seu cargo atual. Apesar da crescente necessidade por líderes adeptos da inovação em todos os níveis nas organizações de hoje, é improvável que você seja solicitado a se tornar um. É um papel ao qual você terá que se voluntariar com habilidades que pode aprimorar, na prática, imediatamente onde você trabalha. A inovação é algo que você escolherá para se concentrar.

Empregando necessidades não enunciadas

As Habilidades-I são úteis para abordar as necessidades não enunciadas de sua organização (ou de seu departamento, ou até mesmo de seu grupo de trabalho). O que as organizações precisam — e muitas vezes não sabem que precisam — é de indivíduos que estejam prontos, com as atitudes e as habilidades para produzir mudanças positivas. Sua organização precisa que você:

- Tome a iniciativa e crie novo valor quando tudo em torno de você está sendo destruído pelos concorrentes e pelas rupturas;

- Atenda aos clientes de novas maneiras e encontre novos clientes quando os antigos desaparecerem;

- Crie ideias e as coloque em prática;

- Assuma responsabilidade e riscos calculados;

- Tente e falhe;

- Enxergue além do óbvio e encontre oportunidades em meio às crises;

- Perceba que, mesmo que nenhuma organização possa fornecer segurança vitalícia ao emprego, a única segurança real vem da aprendizagem ao longo da vida e da melhoria constante;

- Descubra novas maneiras de fazer as coisas, de fazer diferentes perguntas e falar sobre suposições de longa data que podem não ser mais verdadeiras.

O primeiro passo que você pode dar na construção de suas Habilidades-I é desenvolver sua estratégia de inovação pessoal, cuja fórmula ensinarei no próximo capítulo.

Capítulo 3

Sua Estratégia de Inovação Pessoal

Quatro Componentes Importantes para Tornar-se Insubstituível

Lisa Peters recebeu o prêmio Society of Human Resource Professionals' Human Capital Manager of the Year por seu trabalho altamente bem-sucedido sobre a fusão do Bank of New York com o Mellon Bank. Depois que as equipes de gestão dos dois bancos se uniram para negociar várias funções e procedimentos, o recém-nomeado diretor executivo (CEO), Robert Kelly, imediatamente procurou Lisa e perguntou: "O que devemos fazer para criar uma cultura unificada?". Esse foi o início de uma integração extenuante, porém gratificante, que durou três anos e ajudou Peters a liderar e orquestrar. A fusão foi tão bem-sucedida que a Harvard Business School fez um estudo de caso.

Perguntei a Lisa: "As pessoas de sua organização a descrevem como inovadora?". Sua resposta me surpreendeu. Ela achava que não. "Acho que a primeira coisa que eles provavelmente diriam é 'ela tem capacidade de realizar coisas novas'. E se você pressionar, provavelmente o próximo nível de pensamento seria '[ela] pode ver além, pode ver aonde alguém [na liderança sênior] quer ir e pode definir o plano do projeto para que seja feito". E, por fim, tenho certeza de que alguém falaria sobre minhas abordagens inovadoras para montar uma equipe ou realizar novas coisas."

Depois da entrevista que fiz com Lisa, comecei a observar esse comentário repetidas vezes. Ele ou ela tem a capacidade de realizar coisas. O que isso me informou foi: esqueça daqueles retratos românticos de inovadores solitários que você vê nas revistas. A pessoa indispensável de hoje inova em um estilo que é colaborativo, não dissidente, incorporado em vez de forçado, e é mais conhecida pela execução impecável do que por dar o máximo de si. Os inovadores de hoje estabeleceram um histórico fazendo coisas antigas e familiares e, em seguida, construíram uma reputação por fazer novas coisas. É a combinação que se torna tão poderosa.

Habilidades de Execução mais Habilidades de Inovação produzem valor indispensável para a organização e para todos nela que compreendem a realidade contundente de nossos tempos.

GANHE SUA INDISPENSABILIDADE

Quando milhares de pequenas e grandes realizações de sua parte somam-se ao incrível valor agregado, você se torna indispensável para sua organização e para seus colegas. O *dicionário Webster* define *indispensável* como "absolutamente necessário ou exigido".

Indispensabilidade é o resultado de trazer tanto valor único e excepcional para sua organização, que seus superiores nunca sequer pensarão em substituí-lo. Isso acontece porque você desenvolve uma reputação interna como um jogador absolutamente necessário, uma pessoa de referência, de ideias, um catalisador e, sim, um pensador inovador. Você é lembrado quando o líder sênior pensa: "Como é que vamos conseguir fazer X?".

Como você constrói essa reputação? Se você quiser seguir os passos de Lisa Peters, aqui está sua primeira chance de agir. Traçar uma estratégia de inovação pessoal — um conjunto consciente, deliberado e cuidadoso de metas e ações — que você domina e usa em seu trabalho e em sua vida.

A estratégia é sobre descobrir aonde você quer ir. É sobre descobrir como se preparar para assumir novas responsabilidades e entregar resultados merecedores de sua reputação de indispensabilidade. Ninguém, além de você, é responsável por sua reputação ou por onde você estará daqui a cinco anos.

Ser estratégico não significa ser maquiavélico. Suas intenções "ocultas" colocam o avanço das metas da organização antes de seus próprios avanços. Ao traçar uma estratégia de inovação pessoal, você alcança seu objetivo. Ao desenvolver uma estratégia, você assume a responsabilidade por seu desenvolvimento inovador, assim como o faz dando continuidade à educação em sua área de especialização.

PROJETE SUA ESTRATÉGIA

Conforme você lê este capítulo, recomenda-se ter papel e lápis à mão, para que você possa projetar sua estratégia de inovação. A diferença entre simplesmente passar o olho nas perguntas a seguir e reservar um tempo para considerar e anotar suas respostas é a diferença entre, parafraseando Mark Twain, a luz e o vaga-lume.

Seus planos não apenas estarão mais focados, mas você também possuirá um registro para referência futura.

Há quatro componentes fundamentais para projetar sua estratégia:

---

1. **Identificar onde você está e aonde quer ir.**
2. **Conhecer a atividade de negócios de sua organização.**
3. **Entender a cultura de sua empresa.**
4. **Juntar tudo.**

I. IDENTIFICAR ONDE VOCÊ ESTÁ E AONDE QUER IR

Em uma era multitarefa e da tirania da tecnologia como a de hoje, é fácil se perder nos negócios. Você está apagando incêndios rápidos e violentos. Você está correndo de uma reunião para outra. É muito fácil convencer a si mesmo de que agora não é possível arranjar tempo para pensar sobre aonde você quer ir e como pretende chegar lá.

Aqui está sua primeira oportunidade de agir — escreva suas respostas a essas oito perguntas. Elas foram projetadas para ajudá-lo a compreender a si mesmo, onde está em sua carreira e aonde você quer ir no futuro.

1. Em que Modo de Pensamento Você Opera na Maior Parte do Tempo?

O processo de construção de suas Habilidades-I começa com a consciência sobre em qual dos quatro modos de pensamento você opera no momento:

Modo Derrotista: Seu estado mental é dominado pela preocupação, que é o uso negativo de sua imaginação. Você está pensando em eventos passados e caminhos não seguidos. Você permanece nas coisas que "poderia ter, deveria ter e teria" feito. Sua Fábrica de Ideias está, basicamente, fechada.

Modo Sustentador: Você mal sustenta o status quo. Você finge, inclinado a buscar motivos pelos quais uma ideia nunca funcionará ou não funcionou no passado, em vez de ser estabilizar e agir. Você tende a bloquear imediatamente todas as ideias que possam surgir, mesmo antes que atinjam sua consciência. "Ah, isso nunca vai funcionar" ou "Meu chefe não vai aceitar isso" ou "Eu já tenho muita coisa para fazer, não terei tempo para algo assim" são sintomas do modo sustentador.

Modo Sonhador: Você tem ideias — na verdade, muitas delas —, mas sua atitude é desejosa: "Oh, não seria fantástico se fizéssemos algo com essa ideia?", diz a pessoa neste estado, antes de passar para outra coisa.

Modo Inovador: Você fica alerta para as ideias e baseia-se na ação. Você quer tornar os sonhos realidade e criar resultados. Este é um estado de espírito confiante. Sua atitude é: "Tente tudo até que algo funcione".

É o que os inovadores fazem. Quanto mais ideias você tem, quanto mais conceitos você agarra, mais ideias colocará em prática. Quanto mais experimentos fizer, mais feedback receberá. Quanto mais "falhas" você conhecer e superar, mais sucessos terá.

No modo inovador você não simplesmente reage à mudança; em vez disso, busca nutri-la em si mesmo. As ideias ocorrem porque você está em movimento, em busca de um objetivo. Apesar do estresse, da pressão e dos prazos iminentes bloquearem a inovação para algumas pessoas, na realidade, ela é um estado de fluxo. Você está sintonizado com essas pequenas faíscas, esses momentos de luminosidade, quando você tem conceitos inspiradores sobre como lidar com uma situação de maneira diferente. Você descobre como realizar algo em sua lista de afazeres em pouco tempo ou, melhor ainda, como nem ter que fazê-lo!

O modo inovador é um estado mental de improvisação.

2. Onde Você Realmente Gostaria de Estar daqui a Cinco Anos?

Quando lecionei na Universidade da Califórnia, em Los Angeles, na década de 1980, eu costumava apresentar um exercício para meus alunos: projete um dia ideal para si mesmo daqui a cinco anos. Que tipo de trabalho você está fazendo? Qual seu cargo na empresa? Como seu dia começa? Qual é a visão da mesa de café da manhã? Quem são seus amigos? Quais acontecimentos do dia lhe proporcionam satisfação? O que você faz só por diversão?

Se você leva a sério ter controle de sua vida, comece descobrindo aonde quer ir. Visualize e fantasie seu futuro, como você gostaria que ele fosse.

Deixe sua imaginação fluir. Como você quer que a vida seja para você? Quer mais amor em sua vida? Mais respeito de colegas de profissão? Quer ganhar mais? Deseja fazer uma contribuição para a sociedade fora do escritório? Considere a totalidade de sua vida.

Se você separar um tempo para esboçar um retrato de sua vida naquele dia hipotético, terá examinado seus próprios objetivos e desejos de forma minuciosa. Apenas mapeando essa visão de seu futuro, você já está melhorando as chances de percebê-lo.

3. Como o que Você Está Fazendo Atualmente Te Ajuda a Construir o Futuro que Imaginou na Questão 2?

Por trabalhar com uma ampla variedade de organizações em todos os setores e continentes, considero que a maioria das pessoas não passa muito tempo pensando aonde quer ir. Nem definem metas pessoais e as revisam com frequência, para garantir que estão tomando as medidas necessárias para alcançá-las.

Subir uma escada tradicional na carreira pode não ser o que você busca. Talvez suas próprias metas incluam alcançar maior autonomia e discrição no trabalho que você faz e nas equipes que você lidera. Talvez você queira desenvolver uma gama mais ampla de habilidades, ou criar uma nova posição para si.

Talvez obter maior significado no trabalho possa ser seu objetivo.

O gerente da Whirlpool, Moises Norena, expressa bem isso quando diz: "Na Whirlpool resolvemos as tarefas das pessoas; estamos no negócio dos utensílios. Estou animado em resolver seus problemas, porque estou deixando uma marca na vida. Estou ajudando a sociedade. E quando você fala com pessoas que passaram por isso [criar um produto para o consumidor], elas dizem: 'Estou animado com isso porque participei de algo que resolveu um problema, e agora as pessoas utilizam esse produto.'"

Quando você tem alguns anos de experiência em inovação na Whirlpool, começa a desenvolver uma "fama interna". Você se torna o que eles chamam informalmente de "Herói I".

"A empresa não tem nenhuma influência sobre quem [os Heróis I] são e como são reconhecidos", diz Moises. "É uma espécie de voto do povo. E o interessante sobre eles é que criam uma espécie de efeito virtuoso, porque você percebe que são exatamente como você — não são alguém que está no topo da organização ou é um gênio. E você quer ser como eles e ser parte do que eles estão fazendo. Você quer se envolver na inovação por causa deles."

4. Qual É a Coisa Mais Inovadora que Você já Fez?

Fiz essa pergunta em um workshop sobre pensamento inovador para líderes da indústria imobiliária, e um homem respondeu: "Eu me curei do câncer".

Qual é sua resposta? Você:

- Saiu de um emprego que não tinha futuro?

- Fez um movimento arriscado para assumir uma tarefa não tradicional?

- Retomou os estudos para obter um mestrado?

- Ajudou a criar um produto ou serviço para sua empresa?

- Organizou uma campanha de caridade e levantou uma quantia recorde de dinheiro?

Pensar seriamente sobre esta questão revelará o que você tem conquistado até agora. Contudo, não indicará aonde você pode ir.

5. Qual É a Proporção de Ideias que Você Conseguiu Executar em Relação Àquelas das quais Desistiu?

Pesquisador do cérebro e autor, Marilyn Ferguson costumava dizer: "Nosso passado não é nosso potencial". Ao que eu acrescentaria: aqueles que ignoram seu passado ficam sobrecarregados para alterar sua trajetória de vida.

Inovadores de sucesso estabelecem recordes por fazer coisas familiares, e até mesmo rotineiras, antes de adquirirem a reputação de poder fazê-las. Se você nunca tentar concretizar uma ideia, mas se contentar em ser implementador das ideias dos outros, seu valor agregado será limitado. Os líderes da organização precisam de funcionários que podem fazer mais do que criar problemas. Precisam que seu pessoal traga soluções. Mas se você nunca mantiver uma ideia por tempo suficiente para transformá-la em um resultado, você nunca receberá o feedback positivo proveniente de tais sucessos. Algumas pessoas ficam presas no modo sonhador a vida inteira e vagam de uma ideia para outra, sempre animadas com o fato de que "vai ser essa". Elas tornam-se apaixonadas por ideias que estão bem além de seu nível de experiência e sua capacidade de execução. Ficam frustradas por terem tido uma ideia fantástica e pelos outros não terem sido capazes de ver seu potencial.

Por isso, é importante considerar essa relação. Sempre que você tenta persuadir os outros a acreditarem e apoiarem suas ideias, seu histórico aparece. Se o problema te pega desprevenido, isso sugere que você não está em contato com seus pontos fortes e suas fraquezas.

Não fique desencorajado. Em vez disso, tente o seguinte: anote cinco ideias que você teve nos últimos anos e que foram bem-sucedidas. Registre os tipos de feedback que você recebeu dos outros. Como implementar cada ideia fez você se sentir naquele momento? Registre os prazeres específicos de ter sido bem-sucedido.

Depois, anote cinco ideias que não deram frutos. Não ideias que você mal considerou, mas aquelas que você — e sua equipe ou departamento — tentou implementar. Podem ter sido objetivos definidos no início de um novo ano, ideias que você "bolou" para expandir seu trabalho, novos rumos que você decidiu tomar em sua vida, até mesmo ideias para cortar custos ou processos de melhorias que você enviou para o gestor de sua empresa. Por que não deram frutos? O que você aprendeu sobre si mesmo no processo?

Se você achou que era muito mais fácil ter ideias que não alcançaram os resultados pretendidos do que ideias que alcançaram, isso pode significar que você precisa repensar e reorganizar seu processo de inovação pessoal. Refiro-me não apenas ao jeito que você gera as ideias, mas também a como você pensa, pesquisa, refina e as testa nos outros e, por fim, decide lançá-las ou arquivá-las.

6. Qual É Sua Proposta de Valor Pessoal?

Quando Lisa Peters recebeu aquele telefonema de seu CEO pedindo-lhe para comandar a fusão do Bank of New York com o Mellon Bank, ela foi capaz de encarar o desafio. Foi capaz de recrutar as pessoas de que precisava, porque havia infundido um forte senso de lealdade e confiança em seus relacionamentos com seus colegas, e ela fez isso de maneira simples e, aparentemente, óbvia: "Retornei os telefonemas das pessoas", disse ela. "Minha opinião é a de que você tem que demonstrar respeito pelas pessoas o tempo todo; todos os telefonemas devem ser retornados dentro de 24 horas. E agora o que eu descobri é que, quando ligo para as pessoas pedindo ajuda, sou bem-sucedida porque elas têm visto, ao longo dos anos, que sempre fiz o mesmo por elas."

Além de ser de confiança e dar apoio aos seus colegas, Lisa tem a reputação de ser uma colaboradora excelente. "Nunca levo crédito individualmente; sempre como equipe", diz ela. Lisa acha que enfatizar a identidade de grupo da equipe motiva as pessoas a trabalhar duro e ter sucesso em grupo. "Se um membro não está fazendo sua parte, você pega seu trabalho e o faz", ela explica, "porque é o resultado final que mais importa, não apenas as partes pelas quais você foi responsável como indivíduo".

Para melhorar sua proposta de valor pessoal, comece sendo muito bom no que faz. Se lida com finanças, seja excepcional nisso. Se trabalha com recursos humanos, mantenha-se a par de todas as tendências. Se está em vendas, aprenda novas habilidades de venda, atualize seu conhecimento do produto e exceda sua cota.

Você não deve apenas ser realmente bom no que faz, precisa garantir que as pessoas certas saibam que você é bom. Ser melhor em comunicar seu valor para a empresa é uma constante. O processo de tomada de decisão de quem fica e quem sai se resume a duas palavras: valor percebido. Aqueles que contribuem com mais valor percebido para a empresa serão os com menor probabilidade de serem convidados a sair.

7. Quão Comprometido Você É?

De acordo com um estudo realizado pela força de trabalho global Towers Perrin, apenas 21% dos funcionários entrevistados estão comprometidos com seu trabalho, o que significa que estão dispostos a ir mais fundo para ajudar suas empresas a ter sucesso. Pior, 38% estão parcial ou totalmente descomprometidos.

Se você fosse convidado a participar de uma pesquisa confidencial sobre essa questão, o que diria? Se está aprendendo coisas novas no trabalho que executa, você provavelmente está comprometido. Se as pessoas em seu grupo estão interessadas em você, são grandes as chances de você estar se sentindo comprometido. Se você está causando um grande impacto, obtendo maior autoridade, construindo uma gama mais ampla de habilidades e vendo um caminho para avançar, você provavelmente está comprometido com seu trabalho.

Mas, se você não está comprometido, estará menos propenso a fazer seu trabalho melhor. Os negócios são uma arte de desempenho. As pessoas captam rapidamente seu nível de comprometimento. Pessoas comprometidas emanam entusiasmo contagiante. Pessoas descomprometidas sugam a energia do local. Assim, se você descobrir, ao refletir, que está mais descomprometido do que comprometido, então seus esforços devem ser direcionados para mudar o rumo de sua carreira. Talvez fazer um movimento lateral, assumir uma nova tarefa ou ser transferido para uma área diferente da empresa o coloque em um caminho mais promissor.

8. Qual É Seu Estilo de Inovação?

Somos todos indivíduos únicos, com diferentes tendências, talentos e aptidões naturais. Todos nós temos a capacidade de inovar; assim, não se trata de você ser capaz de ser um inovador. A pergunta, na verdade, é: *como* você inova? Como você prefere lidar com os desafios no trabalho?

Sua Estratégia de Inovação Pessoal

Não há escassez de inventários e ferramentas de avaliação para lhe dar uma noção melhor de seu estilo preferido. O que eu prefiro, e tenho usado em meu trabalho de consultoria, é chamado de Inventário de Estilos de Inovação.

Criado por William Miller, um ex-professor na Stanford Business School, o Inventário de Estilos de Inovação sugere que há quatro estilos distintos aos quais as pessoas são naturalmente inclinadas:

Visão: Você gosta de se concentrar no resultado a longo prazo, na forma como as coisas poderiam ser, mas não são agora. Você tende a ser decidido e impulsionado pela intuição, e confia em seus instintos. A desvantagem deste estilo é que você tende a ser pouco realista sobre o nível de mudança e resistência envolvido na concretização de uma visão.

Modificação: Você gosta de analisar todas as possibilidades e avançar um passo de cada vez. Você é eficiente e disciplinado e busca soluções por meio da aplicação de métodos que funcionaram no passado. Você se sobressai em aperfeiçoamento e simplificação de processos. Seu maior valor para grupos e equipes é sua estabilidade e atenção aos detalhes. No entanto, você está em desvantagem quando não há nenhuma história real em que se basear ou quando há uma grande dose de incerteza. Nessas situações, você precisa se juntar aos outros nos estilos de exploração e visão para expandir as opções. Você precisa lembrar a si mesmo de atacar suas suposições, especialmente quando sua empresa está enfrentando perturbações de mercado.

A Inovação Diz Respeito a Todos

Exploração: Você tende a adotar novas direções com entusiasmo, sem muito foco e sem muita análise. Você é excelente em mudar completamente a "sabedoria convencional". Você é a pessoa que um orquestrador de equipe convidaria para fazer parte de tal equipe. Mas você se irrita quando a estrutura de trabalho é muito organizada ou quando aqueles em torno de você querem seguir as regras.

Experimentação: Você gosta de fatos e modelos de trabalho e é propenso à experimentação. Sua vantagem é que, uma vez estabelecido um processo ou abordagem comum para se compreender uma situação, você pode solucionar praticamente qualquer problema. Sua contribuição para grupos colaborativos é sua sistemática, por meio da avaliação completa de novas ideias e sua incrível capacidade de criar consenso para soluções práticas. Mas você pode ficar para trás por testar ou analisar em excesso, e você perde a noção de urgência para fazer coisas novas.

Esses resumos são apenas isso: condensações de diferentes preferências. Seu estilo preferido pode ser, e provavelmente é, a combinação de dois estilos. Familiarize-se com eles.

Agora que você já passou algum tempo considerando onde está e aonde quer ir, podemos nos voltar para o segundo componente importante na elaboração de sua estratégia de inovação pessoal: análise de sua organização.

II. CONHECER A ATIVIDADE DE NEGÓCIOS DE SUA ORGANIZAÇÃO

Fico constantemente espantado com o número de pessoas que têm pouco conhecimento sobre o negócio em que trabalham. Vários anos atrás, fui conduzido a uma lendária empresa, no Vale do Silício, por uma jovem do departamento de marketing. Ela sabia muito pouco sobre a cultura única da empresa ou como ganhava dinheiro. Ela não estava ciente do que a mídia de negócios relatava, que era considerável. Mais surpreendente ainda, ela não parecia nem um pouco curiosa em aprender essas coisas. Ela guiou nosso trajeto por meio de anotações que havia impresso a partir da intranet da empresa.

Como meu pai costumava dizer: "Todo mundo é diferente". Mas, se você vai inovar, compreender o modelo de negócio e a cultura de sua empresa é uma obrigação. Um modelo de negócios é a base sobre a qual sua empresa ganha dinheiro, como ela cria valor para os clientes finais e como adquire parte desse valor na forma de lucro.

Em um mundo de especialização, todos nós sabemos cada vez mais sobre cada vez menos. Por isso, é fácil evitar o assunto sobre o modelo de negócios de sua empresa. Mas, inovadores precisam saber como o modelo de negócios está, como seus novos produtos estão sendo recebidos e o que os especialistas do setor estão dizendo sobre as perspectivas da empresa (e possíveis rupturas no futuro)? Comece a aumentar, regularmente, sua compreensão sobre o negócio de sua empresa. Tente compreender aonde sua empresa está tentando ir, e não apenas onde esteve e para onde seus deveres diários o conduzem.

Você não pode estar alinhado com o posicionamento de sua empresa se não ler o relatório anual, especialmente a carta do presidente. É o lugar em que a visão de futuro é comunicada aos acionistas e onde você encontrará pistas e dicas para orientar sua própria estratégia.

Quão viável é o modelo de negócios de sua empresa no mercado de hoje? A maioria dos funcionários nas organizações nunca pensa sobre o cliente final. Eles pensam sobre problemas operacionais mais imediatos — agradar ao chefe, ser profissional, cumprir prazos. Eles se perguntam o que as outras pessoas pensam deles, quem está avançando e quem está saindo.

Para romper com essa mentalidade, analise de forma extensa e longa o que você e seu departamento fazem e como isso agrega valor ao restante do negócio. Descubra o que está acontecendo na linha de frente com os clientes, desenvolvendo contatos em vendas e perguntando às pessoas, fora da empresa, quais são suas impressões sobre a empresa e seus produtos e serviços.

Comece descobrindo como sua organização funciona em um nível mais profundo. Pense em você como um consultor externo e tente olhar para sua empresa a partir de uma nova perspectiva. Converse com pessoas em outras áreas funcionais para aprender seus pontos de vista. Descubra o que elas fazem e como se sentem sobre o potencial de crescimento futuro. Fazer esse tipo de coisa irá ajudá-lo a se aprofundar no modelo de negócios de sua empresa, desenvolver seu próprio ponto de vista e estar mais bem posicionado para inovar de forma adequada.

III. ENTENDER A CULTURA DE SUA EMPRESA

Embora o incidente tenha ocorrido anos atrás, lembro-me de liderar vividamente um grupo de gerentes de alto potencial de um fabricante de aparelhos celulares. Perguntei ao grupo: "Se um de seus funcionários tivesse uma ideia, saberiam o que fazer com ela?".

"Eu diria para não perderem tempo", um companheiro deixou escapar. "Não chegarão a lugar algum."

Irônico, não é? Em algum lugar — e talvez esse fosse o ponto — comecei a perceber que realmente existem algumas poucas empresas verdadeiramente inovadoras e que elas sempre parecem distantes. Mesmo quando treinei empresas que estão classificadas entre as "25 empresas mais inovadoras do mundo" na pesquisa anual da Boston Consulting Group, descobri que as pessoas que trabalham nelas não as veem dessa forma. Em vez disso, veem várias coisas sobre sua organização e sua cultura que vão contra a inovação.

Não existem empresas impecavelmente inovadoras. Existem apenas aquelas que são um pouco menos disfuncionais e burocráticas que outras e que, de alguma forma, conseguem gerar crescimento e inovações para o mercado, apesar de si mesmas.

Mesmo que você trabalhe para uma organização que é considerada inovadora por quem está de fora, você pode não vê-la dessa forma no lado de dentro.

Em meu livro *Driving Growth Through Innovation* (sem versão em português), defino *cultura* como valores, crenças e comportamentos de uma organização. A cultura é, na verdade, uma fusão de dicas sutis (e às vezes não tão sutis) que sinalizam como se comportar de forma eficaz em um dado ambiente.

Organizações exibem uma cultura dominante, mas elas também contêm microculturas: divisões, departamentos, postos avançados, centros regionais e sedes nacionais. A cultura é um pouco diferente em todos os lugares aos quais você vai. Deve-se ter em mente que a cultura da empresa é o compartilhamento coletivo de interpretações de sinais de liderança. A cultura determina o que é esperado, desejado e recompensado. Determina o que é e o que não é comportamento aceitável.

Um comentário que ouço em minhas pesquisas confidenciais de clientes é: "Estou animado por você vir até nossa empresa para nos ajudar a melhorar a inovação. Minha preocupação é que parece que a mediocridade é aceitável por aqui, ainda assim, é perigoso correr riscos. Às vezes precisamos correr riscos. Mas isso parece ser contrário ao que a gestão sinaliza".

A cultura de sua empresa pode ou não ser propícia à inovação. Seu sistema de recompensa pode estar em desacordo com encorajar as pessoas a tentar algo que pode não funcionar. Suas práticas de contratação podem eliminar personalidades do tipo dissidente.

Em determinados dias, a cultura de sua empresa pode parecer tão distorcida que parece não haver esperança para suas perspectivas de longo prazo. Você pode ser capaz de listar, apenas com o menor estímulo, todas as coisas que estão erradas com a cultura de sua empresa e com a microcultura de seu departamento. Você pode ter registrado exemplos que provam que sua organização não quer inovação e, portanto, chegar à conclusão de que você deve deixar de lado a ideia de se expor. Mas não ceda a esses padrões de pensamento derrotistas.

Em vez disso, recue um pouco e julgue sua cultura da forma mais objetiva possível. Você deve liberar seu behaviorista organizacional interno antes de libertar seu inovador interno. Os líderes adeptos

Sua Estratégia de Inovação Pessoal

da inovação estão no ritmo de suas organizações, não importa onde elas estejam em sua jornada de inovação e o quão disfuncionais sejam.

Comece compreendendo a cultura de sua empresa. Se é burocrática, prossiga com cautela. Se há um processo de inovação estabelecido para acolher suas ideias, use-o. Isso determinará sua estratégia, e sua estratégia determinará seu comportamento.

11 Maneiras de Compreender a Cultura de Sua Empresa

Faça a si mesmo estas perguntas, e registre cuidadosamente as respostas:

---

1. **Que tipo de comportamento a cultura de sua empresa valoriza? Lembre-se de que "o comportamento que é recompensado se repete". Observe o comportamento das pessoas a sua volta e você verá quais são seus valores culturais. Você precisa acertar isso, porque faz toda diferença avançar em termos de como você faz coisas novas.**

2. **Se as pessoas em sua empresa têm ideias, sabem o que fazer com elas?**

3. **O que acontece com dissidentes em sua organização?**

4. **Onde você trabalha, a mediocridade é aceita, mas correr riscos não é? Se sim, como você deixou essa percepção de sua organização influenciar seu comportamento?**

5. **Sua empresa possui um processo de inovação organizado? Sua posição no mercado faz parecer provável**

(continua)

> que a inovação se tornará um grande foco no futuro próximo?
>
> 6. Como a inovação acontece na sua organização e em seu departamento e divisão?
>
> 7. Como (e onde) você foi empoderado para inovar ou "ser criativo/inovador" em sua empresa?
>
> 8. O que acontece quando alguém falha? Que histórias você já ouviu e qual é o impacto dessas histórias sobre o comportamento dos outros?
>
> 9. Quem, na sua organização, é percebido como inovador, uma pessoa de referência, alguém no centro da ação quando se trata de "fazer coisas novas"?
>
> 10. Quão alinhado você está com as prioridades de seu chefe? Se o seu chefe está mergulhado na execução tática e não é nem um pouco inovador, isso tem enormes implicações em termos de como você inova e como você constrói sua reputação e base de conhecimento como inovador.
>
> 11. Como você pode repensar seu trabalho e departamento como um centro de lucros, em vez de um centro de custo?

IV. JUNTAR TUDO

Se você pensou sobre todas as perguntas deste capítulo e escreveu suas respostas com atenção, deu um grande passo para adquirir a reputação de indispensabilidade. Mostrou que está disposto a olhar para questões difíceis em sua vida, examinar a si mesmo e comprometer-se a mudar, a fim de colher recompensas futuras.

Chegou a hora de unir essas respostas, de forma que se tornem um modelo para o progresso.

No início deste capítulo defini *estratégia* como um conjunto de metas e ações conscientes, deliberadas e cuidadosas que você usa para impulsionar sua carreira para a frente. Então, eis o que fazer com essas respostas para transformá-las em uma estratégia.

1. Certifique-se de que você está sozinho, sem distrações e tem um período de tempo ininterrupto. Reveja suas anotações. Examine suas respostas como se fossem de outra pessoa, para que você seja o mais objetivo possível quanto à essência do que elas revelam.

2. Faça a si mesmo perguntas sobre o que suas respostas sugerem sobre seu passado (histórico, episódios de sucesso etc.), presente (nível de comprometimento em seu trabalho e local de trabalho atuais, reputação para concluir uma tarefa, capacidade de agregar valor) e futuro (onde você quer estar em um ano, cinco anos etc.).

3. Pense também sobre o modelo de negócio de sua organização e os tipos de forças competitivas de ruptura agindo. Considere como os clientes finais (pagantes) estão respondendo à proposta de valor de sua organização e onde ela precisa inovar e se adaptar. Considere o que a cultura de sua organização recompensa, o que realmente é necessário dos funcionários e como isso pode alterar a natureza de sua contribuição.

4. Por fim, componha um resumo curto e para você mesmo para orientar seu avanço. Estabeleça algumas metas e etapas de ação com base em suas respostas. Por exemplo: onde quero estar em um ano é X. Vou atingir essa meta fazendo A, B e C. Além disso, identifique as áreas em que você deseja atualizar sua proposta de valor para si mesmo e sua organização.

Depois de transformar suas respostas em uma lista de objetivos e definir alguns prazos para alcançá-los, você estará pronto para dominar as Habilidades-I, o assunto da Parte 2 deste livro.

PARTE 2

As Sete Habilidades-I Fundamentais

Habilidade-I nº 1

Aceite a Mentalidade da Oportunidade

Acrescente Valor a Cada Tarefa e Projeto

Criados na Carolina do Sul rural, meus quatro irmãos e eu, às vezes, passávamos o tempo jogando um jogo chamado Fusca.

Era um jogo simples. Quando viajávamos para algum lugar, ou apenas íamos de carro até a cidade, um de nós invariavelmente diria: "Quem quer jogar Fusca?". O vencedor era aquele que visse mais Volkswagens.

Essa foi minha primeira exposição a um princípio secular: quando você começa a prestar atenção em alguma coisa — Volkswagens, indústrias enfrentando rupturas, uma solicitação de determinado cliente por algo que você não fornece no momento —, mais ela aparece misteriosamente.

A Inovação Diz Respeito a Todos

Oportunidades são assim. Muitas vezes estão escondidas de todos, apenas esperando alguém como você para percebê-las e agir. Inovadores são grandes observadores. Eles são curiosos. Eles prestam atenção.

Certa vez, perguntei a Fred Smith de onde teve a ideia de começar a FedEx. Ele disse: "Observei empresários que apareciam em nosso setor de remodelação de jatos, no aeroporto de Little Rock, perguntando se poderiam fretar um dos nossos aviões para entregar um pacote urgente. Não havia maneira melhor para fazer isso na época".

Donald Schoendorfer, um engenheiro com uma empresa de tecnologia médica em Orange County, Califórnia, observou um homem mancando pela estrada, diante do ônibus de turismo em que estava, durante uma viagem da igreja ao Marrocos. "Não consegui tirar de minha mente", lembrou Schoendorfer. "Nessa viagem, eu havia notado certo número de pessoas que eram muito pobres para comprar muletas." De volta à Califórnia, Don começou a experimentar, em sua garagem, formas de construir a cadeira de rodas mais barata do mundo e, desde então, sua caridade, Free Wheelchair Mission, já ajudou mais de um milhão de pessoas com deficiência a alcançar a mobilidade.

Percepção é essencial para a descoberta de oportunidade. Então por que nem todo mundo percebe? Porque estamos tão ocupados alimentando os problemas que enfraquecemos as oportunidades.

Como seria se você fizesse o contrário? Quando você faz isso de propósito, adota o que chamo de mentalidade da oportunidade. Você tem como objetivo perceber não só o que é, mas o que poderia ser.

Aceite a Mentalidade da Oportunidade

No modo da oportunidade, você é curioso. Você quer mergulhar e cavar mais fundo e descobrir o que faz isso ou aquilo funcionar. Você pode iniciar uma conversa com alguém em outra área da empresa, fazendo perguntas para captar algo útil. Então você conversa com pessoas em outras áreas funcionais e visualiza a organização em sua totalidade. Você descobre o que os colegas fazem e o que eles pensam sobre o negócio, seus clientes e como as mudanças no mercado e no resto do mundo são susceptíveis de afetar a organização. Você participa da recepção na conferência, se relaciona com pessoas que não conhece, e faz perguntas.

Ao fazer essas coisas, você descobre oportunidades. Qual seria a melhor maneira de fazer alguma coisa? Qual seria a alternativa para as escolhas diante de você?

Quando você vê o mundo com uma mentalidade da oportunidade, não vê só o que os outros veem, mas começa a pensar no que os outros não pensam.

SETE MANEIRAS DE ATIVAR SUA MENTALIDADE DA OPORTUNIDADE

Se você ainda não apresenta uma mentalidade da oportunidade, aqui estão sete maneiras de ativar essa importante Habilidade-I.

---

1. **Aprenda a mudar conscientemente sua perspectiva.**
2. **Pense pequeno.**
3. **Ouça murmúrios de "deve haver uma maneira melhor".**
4. **Preste atenção nos acidentes felizes.**

(continua)

A Inovação Diz Respeito a Todos

> **5. Procure problemas que os clientes têm e que não estão sendo resolvidos.**
>
> **6. Procure oportunidades para eliminar o trabalho que não agrega valor.**
>
> **7. Pense grande.**

Vamos explorar um por um desses itens.

I. Aprenda a Mudar Conscientemente Sua Perspectiva

Meu amigo Mark Sanborn, palestrante motivacional e autor do best-seller *The Fred Factor* (sem versão em português), viaja mais de 150 mil milhas por ano. Perguntei a ele como atualiza sua atitude enquanto passa por tantos aeroportos.

"Ficar na estrada é, na verdade, a parte mais fácil", ele me disse. "Estar no escritório é o que às vezes me afeta." Ele admitiu como começou a se sentir incomodado com as interrupções quando tinha tempo suficiente para analisar a viagem anterior antes de se preparar para a próxima.

A cada vez que o telefone tocava, a cada vez que ele era solicitado a enviar isso ou aquilo para um cliente ou fã ou colega, ele ficava de mal humor. Então, um dia, ele pensou: "E se eu mudasse minha perspectiva?". Assim, ele colocou as palavras "obrigação ou oportunidade?" em um post-it ao lado do telefone. Isso o ajudou a atender o telefone com uma atitude de serviço, gratidão e expectativa positiva.

Quando Mark escreveu as palavras "obrigação ou oportunidade?" em um post-it, ele estava, conscientemente, mudando sua perspectiva. Quando o telefone toca e ele olha para essa mensagem, está reforçando a escolha diante de si. Quando você e eu optamos por mudar de obrigação para oportunidade, todos os tipos de coisas positivas começam a acontecer. Possibilidades surgem repentinamente. Novas formas de gerar valor para o chefe ou acionistas ou a equipe sênior começam a ocorrer com maior frequência. Você desenvolve uma reputação relativa à criação de oportunidade.

Como treinador de inovação, meu objetivo é apresentar ferramentas e técnicas poderosas para ajudar as pessoas a mudar conscientemente para sair do modo derrotista, do modo sustentador ou do modo sonhador e entrar no modo inovador.

Minha colega Joyce Wycoff, que às vezes faz parceria comigo em grandes projetos de consultoria, está constantemente criando ferramentas para ajudar as pessoas a mudar. Uma de suas técnicas preferidas é chamada NSOS, que significa "não seria ótimo se...?". Por exemplo, "Não seria ótimo se pudéssemos eliminar essa fonte de reclamações dos clientes de uma vez por todas?". Joyce e eu convidamos as pessoas a pensar sobre uma tarefa, política, produto ou procedimento irritante para o cliente. Usamos a NSOS para convidar o grupo a descobrir como fazê-lo de forma inesperada.

Quando mudamos a perspectiva de forma bem-sucedida, percebemos que fazer isso é uma questão de hábito. E conforme as oportunidades começam a aparecer, percebemos o poder de fazê-lo em nosso trabalho e em nossa vida. Alguém de um grupo em que eu estava trabalhando, não faz muito tempo, disse que começou a "considerar tudo como reuniões". Em vez de todo o mundo aparecer, para rever o planejamento, terão encontros não estruturados em que as pessoas podem compartilhar ideias. Farão perguntas abertas, do tipo: "Como poderíamos gerenciar este departamento de modo diferente?" ou "Onde podemos encontrar ideias para reduzir custos?".

Para mudar a perspectiva, desafie a si mesmo a chegar a soluções. Por exemplo, pergunte: "Quais são as dez maneiras de abordar determinado problema?", ou crie dez motivos pelos quais você está feliz por estar vivo.

2. Pense Pequeno

Durante a fase de preparação de uma tarefa, meu cliente costuma dizer algo do tipo: "Você deve saber que nossos funcionários consideram a inovação uma grande coisa — produtos revolucionários e modelos de negócios e salto quântico na inovação de processos. O que realmente gostaríamos que você passasse para eles é que precisamos que eles também olhem para as coisas pequenas — oportunidades no trabalho que realizam diariamente".

Minha resposta: "Com prazer".

Adotar a mentalidade da oportunidade não se trata apenas de descobrir coisas grandes. Trata-se também de encontrar oportunidades diariamente.

O professor Alan Robinson, da Universidade de Massachusetts, observava com espanto a recepcionista de uma empresa industrial de Ohio ser premiada como Inovadora do Ano. Após a cerimônia, ele perguntou como ela havia tido tantas ideias.

"Simples", explicou ela. "Os clientes nos ligam todos os dias e às vezes estão infelizes por algo que fizemos ou deixamos de fazer.

Aceite a Mentalidade da Oportunidade

Em vez de ficar na defensiva, vejo isso como uma oportunidade. Eles me dizem o que fizemos para deixá-los infelizes, e então faço minha pergunta favorita."

"Qual é?", quis saber o professor Robinson.

"Pergunto o que devemos fazer para corrigir o problema para que nunca volte a acontecer. E eles ficam felizes em me contar. Tudo que fiz foi escrever suas sugestões e apresentá-las ao nosso Programa de Novas Ideias, e foi assim que recebi o prêmio."

Comece identificando oportunidades exatamente onde você está — quanto menores, melhor. Busque oportunidades para melhorar a forma como você faz seu trabalho. Construa sua reputação produzindo resultados tangíveis para seu chefe, seu departamento e para você mesmo.

Ativar a mentalidade da oportunidade começa com acabar com todas as desculpas sobre por que você não pode agregar valor. Olhe novamente, com novos olhos, para os problemas e questões diante de você. Seja aquele com a solução quando sua unidade está em apuros. Comece a:

1. Pensar pequeno para fixar a mentalidade. Revide as desculpas mentais que surgem quando estamos no modo derrotista ou sustentador de pensamento.

2. Identificar lugares em seu trabalho em que você pode sugerir uma melhoria, especialmente lugares onde você pode agregar valor ao seu chefe, seu departamento e sua equipe.

3. Buscar tarefas que você pode fazer melhor do que estão sendo feitas agora, e peça o desafio ao seu chefe.

4. Tornar uma prática ser melhor em tudo em que seu chefe não é bom.

3. Ouça Murmúrios de "Deve Haver uma Maneira Melhor"

Vários anos atrás, comprei uma motocicleta para ir e voltar de meu escritório, que fica a cinco minutos de minha casa. Fui ao Departamento de Veículos Motorizados para tirar uma carteira para motocicleta. Enquanto eu esperava na fila, notei que de tempos em tempos um funcionário corpulento e com voz de barítono, atrás do balcão, aparecia e gritava com as pessoas. "Ei, saia daí e preencha seus formulários em outro lugar. Essa é a área de teste!".

Quando chegou minha vez, esse foi o funcionário que me atendeu. "Notei que você tem que chutar as pessoas daqui", comentei. "Aposto que se você colocar um aviso na entrada da área de teste, não precisará gritar com tanta frequência."

Ele me deu uma olhada. "Sim, bem", ele murmurou, "eles querem que patrulhemos a área". Em outras palavras, "Estou apenas funcionando no modo derrotista. Não estou autorizado a pensar ou sugerir alterações". Mas, sem dúvida, em algum momento, uma voz deve ter soado em sua cabeça, dizendo: "Deve haver uma maneira melhor".

Para cada pequeno agravamento como esse costuma haver uma solução simples — mas somente quando estamos dispostos a tomar a iniciativa e fazer algo a respeito.

Sintonize-se com aquelas ocasiões em que a voz em sua cabeça murmura: "Deve haver uma maneira melhor". Essa é sua mentalidade da oportunidade alertando-o de que algo importante está acontecendo. Uma maneira melhor está prestes a nascer, se você apenas parar e pensar.

4. Preste Atenção nos Acidentes Felizes

James Schlatter, um químico da G.D. Searle Company, estava trabalhando na produção de um medicamento antiúlcera, misturando dipeptídeos e aminoácidos em um laboratório. Certo dia, ao lamber o dedo para pegar um pedaço de papel no laboratório, Schlatter descobriu um sabor deliciosamente doce que o levou ao desenvolvimento do adoçante artificial aspartame (NutraSweet ou Equal).

A pesquisadora Patsy Sherman, da 3M, acidentalmente deixou cair um frasco de vidro no laboratório, sujando seus sapatos com produtos químicos. Mais tarde, naquele dia, ela foi caminhar e seus sapatos de lona ficaram enlameados. Mas ela notou que a parte do sapato que havia entrado em contato com os produtos químicos ficou limpa. Ela tentou descobrir exatamente quais produtos químicos tinham essas propriedades, e o resultado foi o Scotchgard, o popular produto para proteger tecidos e estofados.

O Viagra, da Pfizer, foi originalmente projetado para ser um tratamento para doença cardíaca. Pesquisadores da Pfizer estavam tentando estimular os receptores do coração, mas acabaram estimulando receptores em outra parte da anatomia masculina. O resultado foi uma droga inovadora que injetou bilhões de dólares em receita para a empresa.

Embora você possa não inventar o próximo ingrediente alimentar que mudará o mundo ou um medicamento incrível, preste atenção aos acidentes felizes em sua vida. Observe como acidentes ou encontros ao acaso costumam resultar em novas amizades, conexões inesperadas e ideias legais.

5. Procure Problemas que os Clientes Têm e que Não Estão Sendo Resolvidos

Clayton Christensen, professor da Harvard Business School e autor do best-seller *O Dilema da Inovação*, estimula aqueles que buscam oportunidades a prestar atenção àquilo que está acontecendo ao seu redor. Seu conselho: procure problemas que as pessoas têm e que não conseguem resolver muito bem. Muitas vezes é ali que você encontrará oportunidades incríveis.

Sam Stern, coautor de *Corporate Creativity* (sem versão em português), é um excelente exemplo. Anos atrás, ele ministrou um curso especial em Harvard e estava prestes a sair para uma viagem ao exterior, antes de voltar para sua casa, no Oregon. Querendo depositar seu salário no banco local, no Oregon, para pagar sua hipoteca, ele pensou que a maneira mais fácil seria ir a uma filial próxima do banco que emitiu o cheque e fazer a transferência para seu banco.

"Desculpe, não podemos fazer a transferência antes de o cheque ser compensado", foi-lhe dito. Quando ele salientou que, como o cheque era daquele banco, eles poderiam facilmente determinar se havia fundos suficientes na conta, a moça do caixa disse: "Acho que não podemos fazer isso. Deixe-me perguntar ao gerente".

Depois de um tempo, ela voltou, relatando que não seria possível, pois ele não tinha conta no banco. "Não possuía uma conta com eles", lembrou Stern, "mas eu estava disposto a pagar uma taxa para enviar o dinheiro".

Aceite a Mentalidade da Oportunidade

"Só fazemos transferências bancárias para clientes."

Stern pensou por um momento. "Eu gostaria de abrir uma conta", disse ele.

"Tudo bem", disse ela, e começou a executar o procedimento estabelecido para a abertura de uma nova conta: que tipo de cheques ele queria? Gostaria de um cartão de saque ou de crédito? E assim por diante. Ele disse que não precisava de cheque, não queria cartões do banco ou qualquer outra coisa. Depois de preencher os formulários necessários, ele abriu uma conta com seu salário e disse: "Agora, eu gostaria de fazer uma transferência".

Mais uma vez, seguindo o procedimento estabelecido, ela perguntou para onde ele gostaria de transferir e quanto. Stern deu-lhe o nome de seu banco no Oregon e disse que gostaria de enviar todo o saldo de sua conta recém-aberta. Depois de preencher os formulários para a transferência eletrônica, disse a ela que queria fechar a conta. "Ok", ela disse, pegando os formulários necessários para iniciar o procedimento de encerramento de conta.

"Quando finalmente terminamos, ela me disse: 'Sabe de uma coisa? Ninguém fez isso antes'", recorda Stern.

Claro, uma empresa não pode ser tudo para todas as pessoas. E os funcionários devem estar em conformidade com a política da empresa. Mas se essa caixa e seu gerente tivessem sido treinados em técnicas de inovação, a incapacidade do banco para resolver o problema de Stern poderia ter apontado para uma nova oportunidade. Em vez de "inovar" com taxas ocultas, cobrar uma taxa para executar esse serviço para Stern e outros não clientes poderia ter se tornado uma nova fonte de receita para o banco.

Quanta demanda pode haver para um serviço como esse? O banco poderia ganhar dinheiro com essa ideia? Como o banco saberá, se tudo que faz é repetir as palavras "não dá para fazer" para o cliente?

É comum, em nosso mundo apressado, ignorar tal "obstáculo do cliente", em que deixamos de atender suas necessidades. Mas o conselho de Christensen, de buscar problemas mal resolvidos ou não resolvidos, nos alerta para a necessidade de prestar atenção a esses incidentes e ver o potencial que outros deixaram passar.

6. Procure Oportunidades para Eliminar o Trabalho que Não Agrega Valor

Um grupo de campeões de inovação da IBM de todo o mundo se reuniu em Austin, Texas, não faz muito tempo. Uma participante compartilhou como a IBM Japão começou as Campanhas para Eliminar Trabalho. Os olhos das pessoas se iluminaram: aí está uma ideia legal, pareciam dizer.

A ideia por trás dessas campanhas é que não há fim à adição de coisas que requerem mais trabalho para serem concluídas. Mas, a menos que se tornem igualmente criativas sobre a eliminação de trabalho que não agrega valor, como tarefas e relatórios que já não são essenciais, tudo se torna muito improdutivo.

Perguntei a Matt Carothers, um perito líder em tecnologia da informação na Cox Communications, qual era a fonte de sua criatividade. Sua resposta me surpreendeu.

"Considero preguiça uma das maiores virtudes de um engenheiro", ele respondeu com um sorriso. "Se não fosse pelas pessoas

Aceite a Mentalidade da Oportunidade

preguiçosas que buscam maneiras mais fáceis de executar tarefas desagradáveis e repetitivas, nunca faríamos progresso."

Como exemplo, Matt citou como seu departamento funciona em relação às queixas de abuso de rede. Eles recebem cerca de 70 mil e-mails a cada mês relatando que clientes de internet de alta velocidade da empresa violaram, de alguma forma, sua Política de Utilização Aceitável, por meio do envio de spam ou vírus, por exemplo.

"Uma pessoa realmente preguiçosa não poderia ficar feliz com todos aqueles e-mails", explicou Matt. "Então criei um programa de computador para fazer isso por nós. Ele lê cada mensagem, identifica o remetente, verifica infrações anteriores e age por conta própria ou fornece informações suficientes para que um ser humano possa tomar uma decisão fácil. Agora, de 80% a 90% dos e-mails não exigem nenhuma intervenção humana. E o resto requer apenas alguns cliques do mouse em uma interface web."

"A maior parte do meu trabalho resume-se a automatizar tediosos processos; assim, é apenas uma questão de perguntar às pessoas o que elas odeiam fazer ou no que gastamos mais dinheiro. Não pergunto apenas: 'O que estamos fazendo?', mas também 'por que estamos fazendo dessa forma?'. Quando encontro algo ineficiente, monótono ou caro, procuro maneiras de simplificá-lo ou eliminá-lo completamente."

A tendência de Matt de se cansar rapidamente trabalha para ele. Detectar oportunidade é seu negócio. Ele ama o que faz, porque recebe muitos afagos dos colegas de trabalho e da alta gerência. Ao fazer o que ele faz, todo mundo sai ganhando.

Tenha certeza de que sua empresa realmente quer eliminar o trabalho sem valor agregado apenas se souber como. É difícil para a gestão identificar todo o trabalho desnecessário que seus associados fazem sem olhar para as suposições que cercam a política, o processo ou o procedimento em particular. É aí que a detecção de oportunidade entra em jogo. Se você identificar uma tarefa sem sentido, tome medidas.

Recomende uma solução alternativa ou a eliminação total. Esteja preparado para rebater e espere comentários como: "Mas sempre fizemos dessa maneira" ou "Fazemos dessa forma porque...". Construir aceitação para a simples eliminação do trabalho ainda dará a você experiência no uso de suas Habilidades-I. E a redução do esforço futuro desperdiçado valerá a pena.

7. Pense Grande

Você já ouviu a história dos três pedreiros? Tornou-se uma parábola, já que foi contada tantas vezes. É assim:

Era uma vez três pedreiros ocupados com seu trabalho; então, um homem que caminhava parou e perguntou a cada um o que estava fazendo.

O primeiro homem ficou aborrecido com a pergunta. "Não vê, amigo? Estou colocando tijolos. Estou ganhando dinheiro."

O segundo homem respondeu: "Estou levantando uma parede".

O terceiro homem fez uma pausa e quase fechou os olhos, como se vislumbrasse algo em sua mente. "Estou construindo uma catedral", disse ele com orgulho óbvio.

É uma velha história, mas sobrevive porque representa o tamanho de nosso pensamento. Não é o tamanho de nosso cérebro ou QI que conta, mas o tamanho de nosso pensamento. Todos nós, mais do que imaginamos ou reconhecemos, somos produto do pensamento que nos cerca. E grande parte desse pensamento é pequeno, mesquinho, improdutivo e negativo. "Só estou colocando tijolos", ele nos ensina.

O inovador rejeita esse tipo de pensamento. O inovador não olha para as coisas como elas são, mas como a catedral que podem ser. Às vezes nosso foco deve estar na tarefa imediatamente disponível. Pensar grande pode revelar potencial oculto até mesmo no trabalho mais mundano. Grandes avanços não surgem diariamente. Mas quando o fazem, se você estiver pronto, podem alterar o rumo de sua carreira, porque você está preparado para aproveitar o momento.

O GRANDE MOMENTO DE TOM DOLAN

Tom Dolan teve um grande momento. Mais cedo, nesta década, sua empresa, a Xerox, estava enfrentando uma ruptura com a força de um furacão, e sua sobrevivência estava em jogo. Tom pensou o que poderia fazer para ajudar.

"Minha formação era em vendas, portanto, eu estava diante dos clientes o tempo todo", disse Tom. "Notei como o mercado estava mudando. Vi que as empresas tanto não queriam gastar em documentos quanto queriam reduzir o número de fornecedores. Notei que estavam começando a querer soluções completas. Elas não queriam que você apenas entregasse seu produto nas docas de carregamento; queriam ajuda, mostrando como utilizar os produtos para se tornarem mais produtivos."

"O que eu também vi foi como eles queriam que fornecêssemos soluções globais para suas operações. Na época, éramos internacionais, mas não agíamos globalmente. Nossas geografias faziam o trabalho, e não era ajudar o cliente. Vi que se pudéssemos encontrar uma solução que abordasse todas essas questões, teríamos algo que acrescentaria valor para o cliente."

Pensando grande, Tom foi até sua chefe, Ann Mulcahy, então presidente e mais tarde diretora executiva (CEO) da empresa. "Quero fazer uma pesquisa sobre como podemos aproveitar esse desejo crescente por serviços de documentos comparado com a venda de copiadoras", ele disse a ela. "Acredito que estamos perdendo nossa vantagem porque não estamos conectados como empresa. Precisamos nos tornar uma empresa de serviços de gestão de documentos, em vez de apenas uma empresa de copiadoras. Se combinarmos nossas sete unidades de negócios para entregar isso, acho que podemos ampliar consideravelmente o mercado. Podemos virar o jogo, como aconteceu com a IBM."

Mulcahy ficou intrigada. Ela também estava ouvindo dos clientes, como a Xerox estava em descompasso. "Dê um jeito", ela disse a Tom. "E você apresentará isso à equipe sênior."

Em seus 30 anos na empresa, Tom já havia se identificado como um gerente não convencional. Por um lado, havia desistido de uma carreira de sucesso em vendas na Xerox para trabalhar no grupo de produtos. Tal "travessia" era praticamente desconhecida na época. "Muitos dos meus colegas me olhavam como se eu tivesse três cabeças", lembra ele.

Ele sabia muito sobre a empresa, incluindo suas margens e custos recorrentes, bem como as métricas ocultas, porém neces-

Aceite a Mentalidade da Oportunidade

sárias, que formavam a base do modelo de negócio da Xerox. Já havia ocupado vários cargos executivos e de gestão. Sabia recrutar e liderar uma equipe colaborativa eficaz, o que estava fazendo agora. Juntos, eles mergulharam em cinco meses de intensa pesquisa sobre suas dúvidas.

Quando ele e seus 15 colegas tiveram a ideia radical de formar a Xerox Global Services, tiveram inúmeras conversas com pessoas dentro e fora da empresa. Tom e sua equipe foram preparados com fatos, números e evidências para respaldar seu caso. Finalmente, chegou o dia da apresentação.

"Uma coisa que tivemos que combater foi o fato de a equipe sênior ser composta por pessoas que tiveram um forte foco no produto", Tom lembrou. "Enfatizamos que essa nova estratégia não estava substituindo nossos grandes produtos. Tratava-se da criação de novos negócios e de tornar mais bem-sucedidos os que já tínhamos. Por fim, depois de horas de discussão animada, quando saímos daquela sala, recebemos o pedido. Voamos de volta para Rochester e fomos comemorar em um pub local. No dia seguinte, todos nós tivemos a mesma percepção: recebemos o pedido, e agora? Sabíamos que não seria fácil. Sabíamos que haveria resistência."

Quando perguntei a Tom sobre os resultados, ele falou do Kickoff Day em 2003. "Todos os representantes de vendas se reuniram, e perguntamos: 'Quantos de vocês estão trabalhando em pedidos de milhões de dólares?'". Três mãos se levantaram. "No ano passado, fizemos a mesma pergunta, e mais de uma centena de representantes fez negócios valendo mais de um milhão. Ao assumir os desafios de gestão de documentos de nossos clientes, ampliamos o negócio. A Xerox e seus concorrentes estão vendo uma forte demanda por serviços de consultoria que mostram às empresas como eliminar impressoras desktop e fazer com que os funcionários compartilhem dispositivos multifuncionais com funções de cópia, fax e impressão, o que pode reduzir os custos de impressão em até 30%."

Tom Dolan encarou uma grande ruptura ameaçando a vida de sua empresa e não recuou. Nem tentou passar a responsabilidade para outra pessoa. Viu como a Xerox ficou fora de sintonia com as necessidades dos clientes e aceitou o desejo do mercado. Ele pensou grande e desafiou seus pressupostos. E então construiu a aceitação para uma nova forma de fazer negócios na Xerox.

Tom Dolan exemplifica a mentalidade da oportunidade.

COMO DOMINAR ESSA HABILIDADE-I

Esqueça-se de esperar que alguém lhe traga uma oportunidade que impulsionará sua carreira, tornará o trabalho divertido ou melhorará seus resultados. Vire sua mente do avesso para descobrir as oportunidades que estão logo ali, diante de você, escondidas, mas em plena vista.

Não importa que tipo de trabalho você faça, não importa onde você esteja em sua carreira, você tem a capacidade de transformar seu trabalho todos os dias. Você pode desempenhar seu papel na construção de uma catedral ou pode simplesmente optar por olhar para o que você faz como colocar tijolos. Então, tome uma atitude: procure maneiras de mudar sua perspectiva e sua atitude. Pense pequeno para aplicar a mentalidade da oportunidade à sua "lista de tarefas". Ouça da próxima vez que alguém murmurar as palavras "deve haver uma maneira melhor de fazer isso" e veja quais soluções aparecem. Procure formas de acabar com o trabalho que não agrega

Aceite a Mentalidade da Oportunidade

valor. E, acima de tudo, em vários momentos durante o dia, recue e diga para si mesmo: "O que estou deixando passar despercebido?".

Se fizer essas coisas diariamente, se você ativar e exercitar sua mentalidade da oportunidade ao máximo, olhará para trás e dirá: "Aquilo não existia até que o criamos."

Habilidade-I nº 2

Ataque as Suposições

Acabe com Noções Pessoais, Organizacionais e Industriais que Bloqueiam o Progresso

Minha esposa e eu estamos à beira da piscina no Hyatt Regency, em Maui. É final da manhã, e uma suave brisa sopra sobre os banhistas e agita as folhas das palmeiras. Ao meu redor vejo assadeiras humanas, uma ao lado da outra, cobertas de óleo e girando por diversão. Feixes de luz solar iluminam a piscina, enquanto as ondas quebram um pouco além do calçadão. Observo garçons de tênis brancos limpos zanzando com pequenas bandejas, servindo mai tais e piña coladas. Há até mesmo um suave aroma de plumeria no ar, e nada cheira melhor. Que cena tranquila!

Por fim, quando não aguento mais ficar deitado ao sol, inicio uma conversa com "Victor", um jovem do Quênia, que me diz ser gerente do programa infantil do hotel. Hyatt inventou o Acampamento Hyatt e foi pioneiro em transformar o serviço de cuidados infantis em algo realmente divertido para crianças de 3 a 12 anos. E Victor, como logo descobri, é inovador no sentido de dar vida à experiência do Acampamento Hyatt para seus convidados.

"As pessoas têm um monte de opções de onde ficar, onde gastar seu dinheiro", Victor explica, com ar de autoridade. "Queremos oferecer a melhor experiência para que voltem sempre, por isso, sempre fazemos mudanças, para que seja ainda melhor." Eu poderia esperar ouvir isso do gerente geral do hotel ou de um líder de seminário em um dos salões nas proximidades, mas não do gerente do Acampamento Hyatt.

Victor é apaixonado por seu trabalho e demonstra isso. Seu acampamento dá às crianças a oportunidade de fazer mais do que assistir a vídeos, comer cachorros-quentes e nadar por horas até ficar com os dedos enrugados. Em vez disso, elas fazem leitos para flores nativas, aprendem a dançar hula, criam petróglifos havaianos em tecido, jogam antigos jogos havaianos e até mesmo fazem impressão de peixe *Gyotaku*.

"As crianças se divertem tanto que não querem ir embora", ele sorri.

Victor entende. Ele não olha para o que faz como sendo "apenas um emprego". Ele acredita que seu trabalho é importante. Descobre como e onde agregar valor. E Victor faz outra coisa: ataca as suposições.

A INOVAÇÃO COMEÇA ONDE AS SUPOSIÇÕES TERMINAM

O dramaturgo irlandês George Bernard Shaw explicou bem a mentalidade de atacar a suposição quando disse: "O homem razoável adapta-se às condições que o cercam. O homem não razoável adapta as condições que o cercam a si mesmo. Portanto, todo o progresso depende do homem não razoável".

Hipóteses aparecem em todas as formas e tamanhos. Elas incluem tudo, desde nossas crenças individuais autolimitantes, sabedoria convencional, o que todo mundo "sabe" que é verdade, "a forma como fazemos as coisas nesta indústria", blocos conceituais, paradigmas e ortodoxias. É somente quando desafiamos essas suposições que o pensamento novo, ilimitado, livre pode assumir. Fora desse processo, as abordagens originais podem ser geradas. A inovação começa onde as suposições terminam.

Contudo, detectar suposições não significa ser um idiota. Você não poderia passar o dia sem fazer centenas de suposições, sendo a grande maioria delas completamente precisas.

Mas isso significa que você precisa levar o pensamento a sério, de modo que você possa ser seu melhor diagnosticador quando se trata de identificar suposições e determinar se elas ainda são válidas.

Por que isso é importante? Porque repetidas vezes estudos sociais científicos confirmaram que nós, seres humanos, somos uma espécie com tendência à conformidade.

"Quando as pessoas se deparam com uma maioria que concorda com determinada atitude ou julgamento, são muito propensas a adotar o julgamento da maioria", diz Charlan Nemeth, professor de psicologia na Universidade da Califórnia, Berkeley. "Mesmo quando se utilizam questões objetivas, como julgar a extensão de linhas, as pessoas ignoram a informação de seus próprios sentidos e adotam a visão errônea da maioria."

Evidências disponíveis sugerem dois motivos principais pelos quais as pessoas tendem a adotar a opinião da maioria, explica Charlan. "Um é que as pessoas supõem que a verdade reside nos números e rapidamente concluem que elas próprias estão erradas quando confrontadas com uma maioria unânime. O outro motivo é que temem a desaprovação e a rejeição por serem diferentes."

Ao analisar como atacar suposições — uma Habilidade-I vital —, me concentrarei em três tipos distintos de suposições: pessoal, organizacional e industrial.

I. SUPOSIÇÕES PESSOAIS

Certa vez, o economista John Kenneth Galbraith observou: "Diante de termos que mudar de ideia ou avaliar as evidências para provar que estamos bem, nos ocupamos com as evidências".

Quais são suas suposições? O que você diria que o impede de alcançar seus objetivos, de alcançar o próximo nível de sucesso?

Existem determinadas crenças que surgem repetidas vezes em sua vida? Aqui estão algumas possibilidades para fazê-lo pensar:

- Eu não tenho o que é preciso.

- Fazer coisas com muita ambiguidade me assusta.

- Eu não tenho o grau de instrução.

- Eu não sou tão inteligente quanto as pessoas ao meu redor.

- Eu não tenho influência para conseguir aquela promoção.

- Eu não tenho talento.

- Estou muito velho/jovem.

- Eu não tenho autodisciplina.

- Eu não posso assumir responsabilidades.

- Estou preso em meu emprego atual.

- Eu não posso vender a mim mesmo ou minhas ideias de forma eficaz.

- Eu não tenho energia.

- Eu não tenho iniciativa.

Se qualquer uma dessas declarações do modo derrotista ressoam em você, é importante perceber que são interpretações da realidade, e não necessariamente fatos. A menos que você acabe com elas, permanecerão lá para impedir seu progresso.

Vamos discutir duas suposições pessoais comuns nas seções a seguir.

1. Suposição "Cargo É Tudo que Importa"

Com demasiada frequência, uma suposição é que o único poder que importa é o cargo de uma pessoa. É como o elefante de circo que, ainda jovem, está preso a uma estaca por uma grande corrente enrolada em sua perna. O bebê elefante tenta se libertar, mas não tem força. Mais tarde, na idade adulta, o elefante nunca tenta se libertar novamente, embora seja fácil.

É fácil ser cauteloso, subjugado e autocorrigir-se. É reconfortante ouvir a voz em sua cabeça quando ela diz: "É melhor pegar leve com isso; o chefe pode não gostar. Seja cauteloso; o mercado de trabalho é muito competitivo".

Em contraste, os líderes adeptos da inovação cultivam a cultura, mesmo não fazendo parte da descrição de seu trabalho.

Você forma a cultura. Tudo que é necessário para que uma cultura terrível triunfe é que boas pessoas não façam nada para melhorá-la diariamente.

Você pode mudar a cultura por meio de atos simples. Em vez de esperar que outra pessoa o faça, fale nas reuniões. Faça perguntas de liderança. Contribua com sugestões para o processo de gestão de ideias de sua empresa. Vá além para ajudar um colega em um prazo apertado. São formas de melhorar sua cultura.

Você não precisa de um título para fazer a diferença.

2. Suposição "Nunca Discorde do Chefe"

Se você fizer uma contribuição útil ou uma sugestão alternativa que tem mérito potencial, não esconda suas ideias. Acabe com a suposição de que você não pode discordar sem ser desagradável.

"Se eu, pessoalmente, discordo da equipe de liderança", disse um gerente, "busco maneiras de comunicar isso, sem prejudicar as relações já estabelecidas."

Isso é exatamente o que Prakash I. fez quando a legislação que alteraria as regras de sua indústria foi proposta pelo Congresso. À primeira vista, a mudança regulamentar parecia significar o rompimento iminente do negócio de empréstimo estudantil do governo e da empresa de Prakash, em particular.

Ataque as Suposições

A equipe de liderança sênior da empresa opôs-se rapidamente à proposta da administração de que o governo assumisse a indústria de empréstimo estudantil. Eles supuseram que lutar contra a mudança proposta era sua principal opção e deram início a uma ação para pressionar o Congresso.

Mas, conforme Prakash estudou o assunto, começou a ver que sem a cooperação de outros concorrentes da indústria, confrontar a alteração proposta teria pouca chance de sucesso. Prakash poderia ter dito facilmente a seu chefe o que sabia que ele queria ouvir. Em vez disso, desafiou a suposição "nunca discorde do chefe". Então, ele procurou seu gerente com uma nova perspectiva sobre o assunto.

"Comecei neutralizando o aspecto pessoal e estabelecendo um objetivo comum", lembrou Prakash. "Perguntei ao meu chefe, 'Qual é nosso objetivo final? Queremos que os EUA tenham opções de empréstimos? Nosso objetivo final não é fornecer serviços financeiros?'"

Uma vez que eles concordaram sobre seu objetivo, Prakash foi capaz de expressar sua discordância, concentrando-se no que era melhor para a empresa.

"Do ponto de vista do lobby, gastamos muito pouco em comparação aos nossos concorrentes", Prakash disse ao seu chefe. "E sem uma frente unida, nosso dinheiro não vai longe. Então, quanto antes pudermos encontrar uma maneira de atender nossos clientes, de forma que esteja de acordo com a nova política, mais cedo poderemos esculpir um nicho e retomar nossa missão. Com essa mudança regulamentar, nosso principal cliente será o governo, em vez de os bancos. E embora nossas margens sejam menores, nosso volume será muito maior, o que significa lucro líquido final superior."

Ao desafiar a suposição de que os funcionários nunca devem discordar de seus superiores, Prakash foi capaz de comunicar, de forma bem-sucedida, seus pontos de vista para seu chefe e para a equipe sênior. Prakash estava certo. As ações da empresa subiram quando esta foi premiada com um contrato para prestar serviço a uma parte dos 550 bilhões de dólares em empréstimos estudantis federais do Departamento de Educação. E Prakash foi premiado com um "lugar ao sol" nas decisões estratégicas da empresa e desempenhou um papel importante em sua transição para um novo modelo de negócios.

"Meu trabalho é uma mistura agradável do lado técnico e de negócios", disse ele. "É muito dinâmico e sempre muda. Tenho muita autonomia e posso interagir com pessoas ótimas. Nos divertimos muito."

Tudo porque ele estava disposto a desafiar a suposição dominante.

II. SUPOSIÇÕES ORGANIZACIONAIS

Assim como as suposições pessoais podem ofuscar o pensamento individual, certas tendências, processos e formas de fazer as coisas tornam-se profundamente enraizados nas organizações. Vamos discutir três pressupostos organizacionais comuns.

1. Suposição "Não Temos Tempo para Inovar"

De acordo com Juliet Shorr, pesquisadora de Harvard, se você está empregado, dedica 163 horas a mais por ano (um mês extra) do que uma pessoa semelhante trabalharia há 30 anos. Claramente, "fazer mais com menos" muitas vezes significa "fazer mais com

Ataque as Suposições

menos pessoas". Você e eu, mais do que nunca, estamos cercados por demandas e pressões dia a dia, minuto a minuto:

- Atualmente, o gerente típico em uma grande organização recebe 150 e-mails a mais por dia, de acordo com Gallup.

- De acordo com a American Management Association, os funcionários gastam quase duas horas lendo e respondendo a essas mensagens.

- Os funcionários da educação são interrompidos, em média, a cada três minutos, de acordo com uma pesquisa realizada pela Universidade da Califórnia, Irvine.

- Nielsen relata que, em 2008, as pessoas enviaram e receberam uma média de sete chamadas telefônicas e 12 mensagens de texto por dia.

- 25% dos funcionários de grandes empresas dizem que sua comunicação — mensagem de voz, e-mail e reuniões — é quase ou completamente incontrolável, de acordo com uma pesquisa da McKinsey com mais de 7.800 trabalhadores em todo o mundo.

O resultado de todas essas invasões? Os funcionários estão excessivamente conectados, comprometidos, atarefados e oprimidos. Um em cada três relata que suas comunicações estão "fora de controle".

É de se admirar que uma das barreiras mais comuns para a inovação, segundo minhas pesquisas com clientes, seja "falta de tempo para inovar"? Isso inibe a criatividade ao barrar a reflexão que pode produzir novas abordagens. Se você não pode encontrar tempo, como pode reunir informações sobre uma ideia ou recuperar o atraso na leitura ou sonhar com seu próximo grande avanço?

No entanto, "falta de tempo para inovar" é uma suposição. A pergunta por trás dessa suposição é: se você e seus colegas tivessem mais tempo, você produziria mais inovação? Haveria uma tendência maior para descobrir e implementar melhores processos, produtos e serviços? Contratar mais pessoas e cortar a carga de trabalho levaria a mais inovação? Ou a tendência seria simplesmente expandir a carga de trabalho restante para preencher o tempo disponível?

Eis o que descobri: abundância de tempo não garante mais criatividade, da mesma forma que falta de tempo nem sempre significa menos inovação.

Inovadores costumam apontar para uma diminuição de tempo para cumprir um prazo, o que os leva a parar de ignorar um problema e chegar a uma solução inovadora. Nessas ocasiões, as imperfeições dos processos, métodos e procedimentos atuais tornam-se óbvias. Em tempos de crise, o representante de vendas no escritório, ao tentar processar um pedido urgente, tem um momento de "deve haver uma maneira melhor" e tem uma ideia para descobrir esse método melhor. A equipe que se prepara às pressas para a feira comercial da indústria surge com ideias que melhoram dramaticamente o planejamento do próximo ano. A equipe de marketing, ocupada com a preparação de uma proposta de oferta dentro do prazo prometido, é estimulada a repensar seu sistema para que, da próxima vez, não precise varar a noite.

Todos esses são exemplos de como atacar as suposições pode transformar a "falta de tempo" de uma barreira em um catalisador. A necessidade é a mãe da inovação. A capacidade é um estado de espírito. E a inovação começa onde as suposições terminam.

Quando a "falta de tempo" surgir em conversas ou pesquisas empresariais, aprofunde a questão. As pessoas estão tentando enviar uma mensagem para a administração sênior? Existe um problema mais fundamental? A falta de tempo é sintoma de uma cultura orientada para a produção, que está desconfortável com a ideia de inovação e a necessidade de reservar tempo para pensar?

2. Suposição "Você É ou Não É Criativo"

O objetivo deste livro é derrubar essa suposição, por isso vamos dar a ela a atenção que merece.

David Campbell, Ph.D., membro do Center for Creative Leadership, em Greensboro, Carolina do Norte, tem estudado a criatividade durante sua carreira profissional inteira. "As pessoas que não acreditam que foram abençoadas com criatividade pensam que é muito mais fácil para as pessoas criativas do que realmente é", Campbell me disse. "Mas, se você perguntar às pessoas que usam a criatividade sobre qual é o equívoco mais comum, responderão que é as outras pessoas pensarem que é fácil para eles serem criativos. A verdade é que não é fácil. Realmente requer muito trabalho. Você precisa tentar e fracassar, tentar e fracassar e tentar e fracassar novamente."

Lee Clow é presidente e diretor criativo da Chiat/Day Advertising. Os distintos comerciais da empresa para a Apple, Nike e muitos outros clientes têm recebido vários prêmios no setor. Mas mesmo para alguém que tenha obtido tal reconhecimento, bolar a próxima campanha nunca é fácil.

"Na maior parte do tempo, você segue caminhos que não levam a nada", Clow disse. "Às vezes, você fica sentado diante do

A Inovação Diz Respeito a Todos

tablet ou com outras três pessoas em uma sessão de brainstorming, e apenas olham um para o outro. Absolutamente nada acontece. Quanto mais você tenta extrair do seu cérebro, mais suprimido fica. Então, de repente, bam! E se fizéssemos deste modo? Ou: que tal assim? Muitas vezes acordei de madrugada, fui até a cozinha e montei o storyboard."

Certamente, nem todos nascem com talentos ou habilidades iguais. Nem todos são capazes de aprender a pintar como Picasso. Mas, qualquer um pode aprender a ser mais criativo no local de trabalho por meio da forma como trabalha com as ideias. A criatividade nos negócios, em outras palavras, pode ser aprendida — e, na verdade, não é tão complicada.

Se você está tentando inovar, esbarrará nesse equívoco ainda prevalente. Muitos, se não a maioria, dos líderes de negócios acreditam que a inovação é um dom raro que apenas algumas pessoas possuem, e essas pessoas estão, naturalmente, no topo da organização. Onde mais estariam? Assim, enquanto as coisas estão mudando por causa do imperativo "ruptura ou sofrer ruptura", as pessoas que trabalham com você podem não ter recebido o memorando.

Não quero repudiar, mas isso é o que descobri trabalhando com tantas pessoas ao longo dos anos. É uma suposição que você terá que ajudar sua organização a superar. Esteja ciente de que fazer isso não é um negócio de uma tentativa, e não acontece do dia para a noite.

3. Suposição "Não Temos um Processo de Inovação"

Nancy Snyder é campeã de inovação da Whirlpool e arquiteta de um dos processos de inovação mais bem-sucedidos do mundo. Ela escreveu a história da Whirlpool em *Unleashing Innovation: How*

Whirlpool Transformed an Industry (sem edição em português). Perguntei o que ela achava da suposição de que sem um processo de inovação abrangente definido, o indivíduo na parte inferior, ou mesmo no meio, de uma organização tem pouca chance de efetuar uma mudança.

"Essa seria minha premissa", disse Nancy, "que você pode ser realmente inovador, mas se a organização para a qual você trabalha não mudar significativamente, você nunca terá uma chance de usar suas Habilidades-I".

"Mas, deixe-me ir para o seu lado, porque é o lado em que eu prefiro estar", ela continuou. "Penso em meus alunos de MBA se preparando para a graduação no mercado de trabalho de hoje. Eles estão percebendo que se colocarem seu aprendizado em seus currículos, todas as ferramentas que aprenderam para mudar os sistemas de uma organização para incorporar inovação, terão uma vantagem [sobre outros candidatos]. Assim, eu concordaria com sua premissa: você pode fazer muita coisa como indivíduo. E se a sua organização não pode lidar com isso, vá para uma sem fins lucrativos, faça alguma coisa em sua vida, porque as habilidades de inovação são tão onipresentes que você deseja obter prática em usá-las."

4. Suposição "Se Você Falhar, Está Demitido"

Quando "Vince" ouviu dizer que os líderes da empresa haviam mencionado a possibilidade de um novo empreendimento em relação às classes de gestão de dinheiro para estudantes, ele não pensou que a ideia permaneceria por muito tempo. Mas ele foi para casa, fez algumas pesquisas e percebeu que a ideia era mais viável do que ele pensava. Entusiasmado com suas descobertas, passou as duas semanas

A Inovação Diz Respeito a Todos

seguintes desenvolvendo uma proposta que apresentaria na próxima reunião, para a surpresa de seus colegas de trabalho e superiores.

Depois de algumas semanas de troca de ideias e perguntas, a administração sênior decidiu apoiar a nova iniciativa de negócios de Vince, na verdade, para colocá-lo no comando. Mas havia uma ressalva. Se Vince aceitasse o cargo e falhasse, ele não teria outro cargo garantido.

Ele ponderou suas opções com cuidado, com sua esposa, e decidiu abraçar a oportunidade. Ele passou os meses seguintes operando como um negócio de um homem só, cuidando das vendas, do marketing e das operações. As coisas correram bem por um tempo, mas depois de seis meses, ele estava em um beco sem saída. O diretor operacional abandonou a empresa e sua indústria começou a sofrer uma grande ruptura. Ele tinha a opção de terminar o que havia começado, na tentativa de proteger seu trabalho, mas sabia que, sob circunstâncias que mudavam radicalmente, não era de interesse da empresa prosseguir com sua iniciativa por mais tempo.

"Procurei a [gestão sênior] e disse a eles que precisávamos parar, e eis o motivo. Claro, eu estava com medo de perder o emprego, e não queria falhar, mas vi além da possibilidade de ser demitido e, em vez disso, aproveitei a oportunidade para comunicar por que eu continuaria a agregar valor para a empresa se eu ficasse."

Vince não só continuou trabalhando lá. Ele foi promovido a diretor de desenvolvimento de negócios. Suas Habilidades-I foram necessárias em um momento de crise.

Quando falei com Tom Dolan, o inovador de vendas da Xerox que propôs a ideia de que a empresa deveria mover-se na direção dos serviços, ele foi direto para a suposição de que "se você falhar, está demitido". O risco real da possibilidade de falhar ou ficar aquém não está relacionado com a gerência sênior, mas com seus colegas gerentes e funcionários.

"Na maioria dos casos, isso não custará seu emprego", disse Tom. "Mas você pode ter problemas com seus colegas. Eles podem criticar a falta de resultados de seu projeto, como uma maneira de serem ouvidos. Você está apto a ouvir aspectos negativos de terceiros... Algumas pessoas diziam que [nossa ideia] era um sonho; não diretamente a mim, sempre a um terceiro. As pessoas me diziam: 'Fulano pensou que você estava louco'."

"Se você vai inovar e receber as recompensas do risco assumido, não pode se preocupar com o que está acontecendo em segundo plano", disse Dolan. "É difícil convencer a todos. É apenas a maneira como as empresas são, e você tem que lidar com isso. Esses caras [que estavam céticos com sua ideia] não estavam conversando com os clientes, por isso não percebiam a ameaça que enfrentávamos. Eu sabia claramente que desafiar a suposição de que devemos deixar de ser puramente orientados para o produto para começarmos a ser orientados para o serviço não seria uma tarefa fácil. Mas prevalecemos, e os resultados dessa nova estratégia falam por si."

III. SUPOSIÇÕES DA INDÚSTRIA

Assim como os indivíduos têm suposições, e as organizações também, às vezes setores inteiros estão sob o domínio de crenças limitantes e amplamente difundidas.

Alguns anos atrás eu fui convidado, por uma associação comercial nos Estados Unidos, para realizar um workshop em sua convenção anual em Savannah. Meu registro no evento foi solicitado à organizadora pelo presidente do programa, que ouviu falar de mim em outra conferência. A organizadora tinha pouco envolvimento na decisão, e demonstrou isso em nossa conversa introdutória.

"Bem, tudo bem", ela suspirou em dado momento, "acho que eles abordarão este tópico. Mas, por aqui, dizemos que uma mola é uma mola é uma mola."

Ela quis dizer que inovação e molas — a categoria de produto no centro da existência dessa associação — estavam tão distantes quanto os polos Norte e Sul. Molas são produtos. Os compradores de molas — as companhias automobilísticas Big Three American e outras grandes empresas industriais — estavam interessados apenas em obter o menor preço possível.

Como eu aprenderia, a indústria estava enfrentando adversidades, e isso foi anos antes da falência e renascimento da General Motors e da Chrysler. Convenções de associação atraiam proprietários e gerentes gerais de fabricantes de molas que faturavam cerca de US\$20 milhões em vendas anuais. Haviam se tornado, nas palavras de um membro, "dignos de pena". Os fabricantes de carro estavam acabando com eles nas concessões de custos, e muitos estavam enfrentando margens declinantes, competições mais acirradas e desaparecimento de clientes conforme as empresas industriais na América transferiam suas operações para a costa.

À medida que a data do compromisso se aproximava no meu calendário, eu ficava paralisado com aquele comentário: "uma mola é uma mola é uma mola".

Ataque as Suposições

Se for verdade, desafiava uma suposição, que mantive há anos, de que não existe um mercado verdadeiramente maduro ou uma mercadoria verdadeira. "Existe apenas uma imaginação cansada", eu costumava dizer nos discursos. Isso pode ser uma ótima retórica, mas e quanto à realidade para os membros dessa associação? Talvez as molas fossem verdadeiras mercadorias no fim das contas.

Liguei para a organizadora e pedi a ela os nomes de cinco a dez dos presidentes das empresas mais bem-sucedidas da associação.

Quando entrevistei esses líderes, percebi que se abriam quando eu prometia que nossa conversa seria "confidencial" e que eu não retransmitiria seus comentários para o público em Savannah. Fiz a cada um deles as mesmas duas perguntas: uma mola é apenas uma mercadoria? Alguma coisa diferencia seus produtos, além de oferecer um preço mais baixo?

O que descobri ao falar com esses presidentes confirmou minha crença. Alguns buscavam novos nichos de mercado onde poderiam oferecer um produto diferenciado com margens mais elevadas. Alguns estavam começando a fabricar mais do que apenas molas; estavam construindo componentes inteiros que cercavam sua mola básica. Outros estavam descobrindo novos usos para as molas em nome de grupos de clientes que, no passado, usaram trancas.

Um presidente me disse: "Uma mola está longe de ser uma mercadoria, porque se não é perfeita para aquela aplicação [percebida], não funciona. Nessa indústria, permitimos que nossos clientes nos convençam de que uma mola é uma mola é uma mola".

Aqui estão quatro estratégias para melhorar a qualidade de seu pensamento:

---

1. **Questione o valor da experiência.**
2. **Procure uma abertura.**
3. **Cultive uma mentalidade de questionamento.**
4. **Reserve tempo para pensar sobre como você pensa.**

I. Questione o Valor da Experiência

Em seu livro *Fora de Série — Outliers*, Malcolm Gladwell argumenta que 10 mil horas de experiência são necessárias para dominar qualquer talento ou campo. Com esses números você constrói muitas respostas. Você é uma grande "regra mecânica para resolver problemas ou lidar com situações", só que anda e fala.

Mas a experiência também pode nos infectar com tendências que nos cegam para novas possibilidades. A experiência passada pode nos impedir de ver como o mundo mudou e que uma nova geração de empreendedores não adere às mesmas noções preconcebidas. Eles estão dispostos a questionar o status quo.

Às vezes, é difícil sentar em uma reunião com algumas dessas novas ideias que estão sendo cogitadas quando você lembra da época em que "tentamos isso e não funcionou". E você está sobrecarregado, e "lá vamos nós de novo" com uma abordagem festeira com a qual alguém fica muito empolgado porque essa pessoa não estava lá! Por que reinventar a roda? Por que seguir esse caminho novamente apenas porque algum "facilitador" do departamento de treinamento pediu a todos para ter uma mente aberta. Dá um tempo.

Tais situações exigem uma redefinição mental e emocional, o que não é fácil. Meu conselho: deixe a conversa fluir e tente manter uma mente aberta. O fato é que, talvez, o momento não tivesse sido oportuno da última vez, ou a execução foi falha.

Seja qual for o motivo, mantenha a mente aberta e questione sua experiência.

2. Procure uma Abertura

John G. é um gerente de estratégia de vendas para um estúdio de Hollywood. Ao longo dos anos, desde que foi estagiário no meu escritório, quando era aluno da Universidade da Califórnia, Santa Bárbara, tenho mantido contato com ele e observado a progressão de sua carreira com grande interesse. Da última vez em que nos encontramos, quando perguntei a ele como iam as coisas, ele pareceu carrancudo.

"É uma posição de muita pressão e urgência", explicou. "Preciso que meus clientes fixos de varejo decidam sobre seu pedido de um novo DVD antes do prazo que minha empresa determinou, para que tenhamos tempo suficiente para que seja feito e enviado a eles a tempo do lançamento."

Outros departamentos (clientes internos) esperam que ele faça o DVD para aquele filme. A concorrência com outros estúdios pelo espaço nas prateleiras é acirrada. E a indústria da mídia, presa em suas próprias rupturas, mantém a pressão no ponto de ebulição.

Quando perguntei a John sobre a cultura onde ele trabalhava, ele revelou a fonte de seu desânimo. "Vejo muitos exemplos de promoções baseadas em conexões e favoritismo", disse ele. "Como a mulher que teve um filho com um dos executivos sêniores. Ela foi aceita em um curso especial para gerentes de alto potencial."

Uma colega de trabalho teve uma ideia maravilhosa para um grande cliente do varejo: ter uma seleção de filmes asiáticos na seção de entretenimento se o varejista estivesse em um mercado predominantemente asiático, e fazer o mesmo para outros mercados demográficos. O varejista adorou a ideia e a adotou.

"Mas ela não recebeu o crédito que deveria ter recebido", disse John. "Ela só foi reconhecida dentro de nosso grupo de 30, não na empresa, e não recebeu uma promoção."

Ele acredita que é contrariado constantemente em seu próprio trabalho.

"Realizei um grande projeto no qual escrevi um informe com uma proposta sobre como fazer o público conhecer um novo produto e como aumentar as vendas. Entrei em contato com nosso departamento de pesquisa e recebi pilhas de papéis, que usei na minha proposta. Construí uma argumentação sobre o aumento de vendas de novos produtos, promovendo-os como compatíveis com PlayStation 3. Mas depois de apresentar ao vice-presidente de meu departamento, nunca tive retorno."

"Não desisti; anexei-o novamente em um e-mail posterior, lembrando-o disso. Mas até hoje não obtive resposta. Nem um 'Obrigado pela sua contribuição' ou 'Ótimas ideias, bom trabalho', nada. Dediquei semanas de tempo e esforço e não ouvi nada. E tenho a sorte de ter grandes contatos dentro da empresa."

Presos na rotina diária, é fácil perder a noção de possibilidade e ceder às suposições vigentes. John vê a cultura de seu local de trabalho como política e injusta, e ele presume que o mérito não será recompensado. Ele tentou mostrar iniciativa e foi vetado. Seria fácil para ele ceder ao seu modo de pensar sustentador, desistir mentalmente, tornar-se cínico e dedicar-se a interesses fora do trabalho.

Quando perguntei a John o que mais ele estava fazendo para se diferenciar, um brilho surgiu em seus olhos. "Muitas pessoas aqui nem sequer conhecem os termos financeiros que usamos, assim, sou um dos três MBAs que foram convidados para dar uma aula aos colegas para ajudá-los a entender melhor o lado financeiro."

Logo percebi. "É isso", falei. "Essa aula é sua oportunidade única para se livrar do bando. Essa aula é sua oportunidade de usar o que sabe e que outras pessoas não têm! Quando você dá uma aula, tem a rara oportunidade de compartilhar não apenas seu conhecimento, mas também seu ponto de vista. As pessoas que frequentam sua aula irão conhecê-lo como pessoa. Como você pode usar essas aulas para construir sua reputação interna como parceiro de equipe e como mestre dos negócios? Você tem que criar o curso mais fácil, divertido e interativo que se possa imaginar."

Para John, combater as suposições significa não ser cínico em uma situação complicada. Ele precisa continuar aprimorando e usando suas Habilidades-I, mesmo se não houver recompensa vinda de seus chefes. Ele deve continuar procurando oportunidades para se diferenciar e agregar valor único ao aderir à sua estratégia de inovação pessoal.

3. Cultive uma Mentalidade de Questionamento

Michael Ray era professor de marketing na Universidade de Stanford, quando viu a necessidade de abordar uma lacuna no currículo. Embora os estudantes estivessem aprendendo muito sobre o lado algorítmico dos negócios, estavam aprendendo quase nada sobre o lado heurístico.

Michael organizou uma aula para alunos de graduação chamada Criatividade Pessoal nos Negócios. Ele ensinou estudantes de negócios a meditar e suspender o julgamento. Ele ensinou que inovação é um estilo de vida. "A criatividade da qual falo é diferente da resolução de problemas", explicou. "É diferente de apenas ter ideias. As pessoas têm ideias suficientes. A verdadeira questão é, 'quais delas você vai usar?'."

Em pouco tempo, tornou-se a aula de acesso mais difícil. Durante anos ele convidou alguns dos empresários mais engenhosos do Vale do Silício para falar com seus alunos.

Destilando a sabedoria coletiva de tudo o que ele aprendera, em seu clássico livro de 1986, *Criatividade nos Negócios,* Ray sugeriu pequenos lembretes malucos, como "Faça perguntas idiotas".

"Se você está disposto a fazer uma pergunta idiota", escreveu ele, "pode receber uma resposta inteligente."

Quando se trata de atacar a suposição, é onde as perguntas estão. Jornalistas aprendem a responder ao quem/o quê/onde/quando/por quê de qualquer história, para não confundir o leitor. Os japoneses deram ao mundo sua pergunta dos "cinco porquês". Seu nome deriva da crença japonesa de que, ao perguntar "por quê" pelo menos cinco vezes, é possível chegar à causa de um problema.

O que quer que você veja, pergunte a si mesmo por que é desse jeito. Se você não obtiver uma resposta que faça sentido, talvez haja espaço para mais ponderação e mudança para melhor. Por que nossa linha de produção está configurada dessa forma? Por que acompanhamos essa métrica? Quem conhece uma maneira melhor de lidar com isso?

Tornar-se um agressor de suposições começa com o desenvolvimento de uma mentalidade de questionamento. As perguntas ajudam você a se curar da doença chamada "endurecimento das atitudes". Elas quebram o "solo" compacto dentro de nosso cérebro, de modo que, com cultivo e cuidado, mil ideias podem florescer. As perguntas te ajudam a reformular o problema para que você possa pensar grande sobre as possibilidades, e também te ajudam a redefinir a natureza do problema. Às vezes, podem ajudá-lo a descobrir a pergunta certa a fazer.

Em uma fábrica, foi solicitado aos funcionários que fizessem sugestões sobre como melhorar a produtividade. Nenhuma foi dada. Pouco tempo depois, foi feita a seguinte pergunta a um grupo semelhante de funcionários: "Como podemos facilitar seu trabalho?". Milhões de ideias surgiram.

Por isso, faça suas perguntas e, em seguida, faça mais. Descasque as camadas de suposições para chegar ao cerne da questão. Não é uma ferramenta nova; existe desde, pelo menos, Sócrates. Mas ainda funciona.

4. Reserve *Tempo para Pensar sobre Como Você Pensa*

O ritmo vertiginoso dos negócios e da vida organizacional de hoje significa que sempre haverá uma razão para evitar o pensamento fundamental. Henry Ford disse: "Pensar é o trabalho mais difícil que existe, provavelmente é por isso que tão poucos o fazem".

Você adia pensar sobre o assunto X enquanto realiza atividades cotidianas, que nunca terminam. Então você passa a bola. Você delega pensar sobre a questão X a outra pessoa na equipe, terceiriza para um fornecedor ou passa para um subordinado "pesquisar mais". Você adia até o fim do prazo e, em seguida, desvia-se da opção A, ou "seja lá qual for o consenso em uma reunião".

Você racionaliza e dá desculpas, como:

- Aqueles que demonstram pensamento independente costumam ser percebidos como ameaça.

- Eles não me pagam para pensar; eles me pagam para executar.

- Sou um especialista; realmente não sou treinado para ver o quadro geral.

- Assumir riscos e questionar o status quo não são recompensados em minha empresa, e muitas vezes são punidos.

- As pessoas que chegam ao topo não acabam com a suposição; eles são eficientes na implementação de ideias de outras pessoas.

- Por aqui, o desempenho de curto prazo é o que é recompensado.

- As pessoas que se envolvem em pensamento independente são, muitas vezes, vistas como ameaça onde eu trabalho.

Tornar-se indispensável no trabalho não significa comprar essas suposições. Ao contrário, ter pensamentos originais, expandir seu ponto de vista e identificar uma falha fatal sem atribuir culpa são marcas de um líder adepto da inovação.

Em uma economia de ruptura, redução de funcionários e descontinuidade, estamos todos envolvidos em decisões cada vez mais complexas e temos cada vez menos tempo para refletir sobre opções e implicações. Lembrar a nós mesmos de buscar as suposições não identificadas no problema em questão pode vir a ser a melhor ferramenta de todas.

COMO DOMINAR ESSA HABILIDADE-I

Sua reputação, talvez mais do que você imagina, repousa sobre seu pensamento original e individual. Usar essa Habilidade-I significa trazer uma nova perspectiva sempre que possível e de forma construtiva, em vez de crítica, reprovadora e negativa.

Dominar a Habilidade-I de atacar as suposições requer prática diária, com mais ênfase em tornar-se consciente das suposições pessoais. Está na hora de aprimorar essas habilidades em um diferencial competitivo para você e sua empresa.

Aqui estão minhas sugestões para se tomarem medidas:

1. Lembre-se de que a inovação, muitas vezes, começa onde as suposições terminam. Por isso, responda às vozes em sua cabeça que formam modos de pensar derrotista, sustentador e sonhador. Cultive uma mentalidade de questionamento. Lembre-se de que fazer perguntas é o incentivo mais poderoso para iniciar um novo pensamento.

2. Se você não gosta das opções diante de você, pergunte a si mesmo (e a outros) como seria uma terceira ou quarta opção. Se você estiver enfrentando opções pouco promissoras ou árduas em um grupo ou equipe de trabalho, tome a iniciativa. Seja

aquele que sugere, "Ei, pessoal. Parece que talvez nós tenhamos nos limitado prematuramente às opções A e B. Por que não tentamos criar C e D, para variar?". Faça isso com um sorriso na voz, para que as pessoas não pensem que você está sendo um encrenqueiro.

Quando você começar a usar essa habilidade diariamente, descobrirá que ela amplia seus horizontes e aumenta seu valor percebido, mesmo que as pessoas não possam identificar o porquê. Essa Habilidade-I é particularmente valiosa quando sua organização enfrenta grandes mudanças. E esse é o assunto do próximo capítulo.

Habilidade-I nº 3

Cultive Entusiasmo pelo Cliente Final

Tudo que Você Cria É Seu Produto, e Cada Produto Tem um Cliente

Encontrei com Steve Jobs no aeroporto de Dulles, em Washington. "Você é Steve Jobs", eu disse, estendendo minha mão com um grande sorriso.

Ele ignorou minha mão. "Quem é você?", perguntou ele.

Steve não é amigável com desconhecidos. Foi um pouco estranho, e eu desejei não ter feito aquilo. Acho que não resisti porque sou um de seus maiores fãs.

Desde muito jovem, Steve Jobs tem sido o centro das atenções. Desde que apareceu na capa da *Time* aos 26 anos de idade, todos o querem. Todo mundo quer dizer que o conhece e falar dele para os amigos.

Eu acompanhei sua carreira. Penso nele toda vez que uso meu iPhone ou ouço meu iPod durante uma corrida ou malhando. Sinto-me conectado ao homem que não apertou minha mão, porque era meu patrono em criar "produtos incríveis" em sua época.

Steve foi capaz, por meio de sua personalidade, carisma, visão e inteligência, de exigir o melhor de uma equipe. Depois ele os impulsionou a ir além do que consideravam ser o melhor e alcançar grande avanço. Milhões de outros usuários finais e eu fomos beneficiados.

No início do ano de 2010, em Orlando, perguntei a cerca de 100 desenvolvedores sênior de produtos, de empresas como Caterpillar, Hewlett Packard e John Deere, que produto eles adotaram e que mudou suas vidas. Alguém deixou escapar "iPhone", e houve sussurros de concordância. Mas depois, silêncio. Aparentemente, é mais fácil falar sobre inovação do que produzi-la.

Steve Jobs produziu produtos que mudaram a vida das pessoas. Como? Fazendo com que grandes equipes de especialistas colaborassem e entendessem que esforços secundários eram inaceitáveis. Isso inclui os caras que conheciam baterias e as pessoas que eram de excelência mundial com plástico, porque Steve tinha que ter o plástico perfeito para a frente do telefone e ele não se contentava com outra coisa. Ele não venderia um produto inferior aos seus clientes.

Você pode pensar que não cria produtos vitais e provavelmente está plenamente convencido de que imitar o estilo de Steve fará com que seja demitido. Ser controlador e buscar perfeição? Fora! Exigir qualidade e excelência? Talvez até certo ponto, mas é melhor não se exaltar. Afinal de contas, não é melhor seguir o fluxo para se dar bem? Comprometer-se? Desistir? Não fazer inimigos?

Eis a realidade. Você cria produtos vitais. Esse conjunto de slides em que você está trabalhando para a reunião em Chicago — isso é um produto. A nova iniciativa de redução de custos para a qual você está contribuindo é um produto. Mesmo o memorando que você enviou por e-mail há cinco minutos é um produto.

Tudo que você cria é seu produto — e cada produto tem um cliente.

Então, como você se diferencia e se torna indispensável onde trabalha? Você inventa um fluxo contínuo de "produtos" incríveis que melhor atendam às necessidades de seu cliente final, seja ele interno (funcionários de outros departamentos em sua organização que dependem de você para fazer seu trabalho) ou externo (aqueles que compram os produtos e serviços de sua empresa no mercado).

Para ilustrar isso, vamos visitar dois colaboradores que têm essa paixão pelo cliente.

OBSERVE JENNIFER AGITAR SEU MUNDO

Vários anos atrás, o *The Wall Street Journal* relatou um método incomum de redução de custos adotado pelo varejista nacional de eletrônicos Circuit City. A empresa, baseada na Virgínia, anunciou que havia demitido todos os seus melhores vendedores. Fizeram isso não porque esses funcionários estavam fazendo um trabalho ruim ou porque a empresa estava passando por uma redução de funcionários.

Fizeram isso porque os funcionários custavam muito dinheiro. Eles estavam sendo substituídos por novas contratações que concordaram em trabalhar por um salário mais baixo e sem benefícios.

A Inovação Diz Respeito a Todos

Li aquela pequena sátira durante meu café da manhã e apenas cocei a cabeça. Comentaristas repreenderam a empresa por insensibilidade. Mesmo para o capitalista de coração mais frio, simplesmente não parecia certo. Que tipo de dados incentivaram tal decisão?

A ação tola da Circuit City acabou sendo o início de uma marcha da morte. A cadeia declarou falência vários anos mais tarde.

Em Minnesota, outro varejista de eletrônicos optou por uma estratégia muito mais inteligente para lidar com a difícil economia. Havia uma filosofia diferente na Best Buy: "Trate bem nossos funcionários, e eles cuidarão bem dos clientes".

O varejo de eletrônicos não é para os fracos de coração. E embora a Best Buy tenha se tornado o único varejista nacional de eletrônicos ainda de pé nos Estados Unidos, quando a Circuit City faliu, não foi necessariamente fácil para a empresa, por causa da nova concorrência do Wal-Mart, Costco e outros que estavam expandindo em seu território.

Para competir, a Best Buy iniciou uma proposta de valor melhorado. Orientou a empresa em torno das necessidades e do comportamento de seus principais clientes. Depois, a equipe de comunicação da Best Buy adotou os princípios dessa estratégia e os aplicou às necessidades não atendidas dos funcionários e parceiros de negócios.

Jennifer Rock é diretora de Diálogo e Intranet, uma equipe de oito pessoas dentro do Departamento de Comunicações com Funcionários da Best Buy, uma posição que ela criou do zero. Por que uma empresa daria a mínima sobre ouvir seus funcionários? Por que aumentariam o quadro de funcionários em tempos difíceis?

"Nosso sucesso, como o de qualquer varejista, resume-se à interação entre um cliente e um funcionário", explica Jennifer. "Aquele funcionário está feliz, produtivo, informado e animado? Preciso saber do estado de espírito daquele funcionário melhor do que ninguém na empresa. [O departamento precisa] ter uma paixão pelos funcionários, porque são a quem servimos."

Com esse raciocínio, Jennifer convenceu o gerente sênior da Best Buy de que uma nova equipe de diálogo não custaria — pagaria!

"Não somos um centro de lucro que traz vendas para a empresa", explicou Jennifer. "Mas funcionários felizes, produtivos e informados tendem a permanecer mais tempo com a empresa do que aqueles que não são. A rotatividade de funcionários da Best Buy EUA, depois de dois anos no programa, ainda estava em 81%, mas nos próximos três anos cairia para 60%. Um ano depois, a rotatividade de funcionários estava em seu melhor momento, com 49%. Estudos maiores têm mostrado que permanecer com uma empresa e sentir-se envolvido ocorre, em grande parte, devido à forma como a comunicação flui: como seu gerente está se comunicando com você, como seus colegas e a comunicação interpessoal o afetam."

A Best Buy tem milhares de lojas sob múltiplas marcas nos Estados Unidos e em outros países. A missão da equipe de Jennifer é conectar todos os 160 mil funcionários com informações e fornecer múltiplos canais para que eles sejam ouvidos com relação a qualquer problema relacionado à sua vida profissional.

Para conseguir isso, a equipe de comunicação realiza pesquisas semanais; organiza o Water Cooler (o fórum oficial de discussão online da empresa); patrocina reuniões livres na sede principal com os gerentes sêniores, ao vivo e via espaço de bate-papo virtual; e fornece uma conexão individual chamada The Chair.

Fundar o novo departamento não foi nada fácil. A equipe de Jennifer enfrentou um orçamento escasso para a coleta de dados e inexperiência com técnicas de pesquisa de público.

Perguntei a ela como conseguiram manter os custos tão baixos.

"Experimentamos coisas de baixo custo e minimamente disruptivas", ela disse. "The Chair foi ideia da minha colega Jill, que estava assistindo à TV uma noite. Passou um comercial da Kleenex, onde tinham um sofá para que as pessoas compartilhassem como estavam se sentindo. Ela chegou no dia seguinte e disse: 'Quero sentar em uma cadeira em uma área movimentada do prédio'. Jill tinha uma cadeira vazia ao lado dela, e os funcionários sentavam-se e conversavam com ela. Sabiam que ela ouviria e, em seguida, faria algo com essa informação."

Jennifer e sua equipe foram capazes de provar sua paixão pelos clientes (os funcionários) quando os líderes da empresa decidiram reduzir o desconto do funcionário.

"O acontecimento desencadeou muita agitação nos funcionários", ela lembra. "No Water Cooler [fórum online], centenas e centenas de pessoas falaram sobre o que esse desconto significava para eles e o que significava para os clientes, uma vez que os funcionários poderiam experimentar os produtos e recomendá-los aos clientes. As pessoas escreveram sugerindo outras maneiras de a empresa economizar dinheiro sem tocar no desconto do funcionário. Os líderes da empresa mudaram de ideia."

A equipe de Jennifer e os líderes da empresa reconheceram que era assim que precisavam administrar a empresa. "A [direção sênior] nos disse: 'Da próxima vez que vir algo assim e não tivermos conhecimento de um problema acontecendo, você tem permissão para derrubar a porta. Nem precisa bater. Precisamos saber'. E foi quando pensei, 'Uau, estamos agregando valor'."

Jennifer Rock personifica a Habilidade-I de paixão pelo cliente, no caso dela, o cliente interno. Ela percebeu como as ferramentas de marketing que a Best Buy usava para entender seus clientes finais poderiam ser aplicadas para entender seus 160 mil funcionários, e entrou em ação.

CINCO MANEIRAS DE SE CONCENTRAR EM SEUS CLIENTES INTERNOS E EXTERNOS

Como tudo que criamos é nosso produto, e cada produto tem um cliente, os melhores são aqueles que antecipam a necessidade do cliente e oferecem uma solução superior. A seguir estão cinco métodos projetados para ajudá-lo a criar "produtos incríveis".

1. **Entenda o negócio em que você está.**

2. **Desenvolva empatia pelo cliente.**

3. **Esforce-se para obter uma visão geral.**

4. **Assuma o problema do cliente.**

5. **Trate seu chefe como um cliente.**

Vamos dar uma olhada.

1. Entenda o Negócio em que Você Está

O que as pessoas estão comprando de você?

Meu amigo, Dr. Michael LeBoeuf, autor de *The Greatest Management Principle in the World* (sem edição em português), observa que as duas únicas coisas que as pessoas compram são soluções para seus problemas e sentimentos bons. Se isso é verdade, em que negócio você está?

Em uma festa, perguntaram ao fundador da Revlon, Charles Revson: "O que você vende?". O rei dos cosméticos respondeu: "Eu vendo esperança".

Ted Levitt, o grande professor de marketing na Universidade de Harvard, costumava dizer que as pessoas não compravam suas brocas. Elas compravam um dispositivo que esculpia um buraco na parede para que pudessem pendurar um quadro.

Revson estava no aspecto "bons sentimentos", e Levitt, no "soluções para seus problemas", aspectos que devem ser focados no cliente.

Se você é um colaborador individual, um supervisor ou um gerente de departamento, ajuda saber em qual negócio você realmente está. Se você está em vendas, está no negócio de fornecer soluções para os problemas dos clientes. Se você comanda a seção de benefícios do departamento de recursos humanos de sua empresa, também está no negócio de soluções, embora seus clientes sejam internos, e não externos. Além disso, contudo, estão aqueles poucos que entendem que produzir bons sentimentos é o extra que aumenta sua estatura na organização.

2. Desenvolva Empatia pelo Cliente

A empatia é a capacidade de se colocar no lugar de outra pessoa. É diferente de compaixão, que é o sentimento de pena por outra pessoa.

Kevin e Jackie Freiberg, autores do livro *Nuts* (sem edição em português), descrevem como o entusiasmo para aumentar o desempenho pontualmente para clientes externos da Southwest Airlines (passageiros) levou um funcionário a fazer o inesperado. O gerente da estação no aeroporto de Los Angeles (LAX) — de onde partem muitos voos diariamente — reuniu uma equipe para visitar aeroportos de pouso em Albuquerque, Phoenix, San Jose e Sacramento, que recebem aqueles voos.

Fizeram a mesma pergunta às equipes da estação de pouso: "Quais são as 10 coisas que fazemos em Los Angeles e que dificultam seus trabalhos?". A equipe, então, levaria essa resposta para LAX, identificaria os causadores e faria melhorias.

Observe as Habilidades-I sendo usadas aqui: a gerente da estação LAX tomou a iniciativa. Em vez de fazer uma pesquisa superficial por telefone para riscar esse item de sua lista de tarefas, ela reuniu uma equipe e foi visitar clientes internos pessoalmente. Ao criar um ambiente de escuta, ela demonstrou igual empatia por funcionários e clientes externos.

A grande maioria das pessoas que trabalha em organizações não tem absolutamente nenhum contato com os clientes, portanto, não tem um motivo óbvio para desenvolver empatia. (Aqueles em vendas, atendimento ao cliente, e assim por diante, são a exceção.)

Assim, quando eu falo sobre empatia com o cliente, estou, na verdade, falando sobre a compreensão dos clientes internos a quem você e seu departamento servem. Isso significa seu chefe, bem como as pessoas a quem você e seu departamento ou divisão atendem. Eles, por sua vez, produzem os bens e serviços que serão entregues aos clientes finais.

A maioria dos princípios de atendimento aos clientes finais aplica-se a três tipos de necessidades: as atuais, as não atendidas e as não articuladas.

As necessidades atuais dos clientes são bem conhecidas. São os projetos em que você está trabalhando agora mesmo para entregar no prazo. Mas se você está tentando fazer da inovação o seu negócio, e quer ter um impacto significativo, você também tem que considerar as necessidades não atendidas (clientes querem o que você produz melhor/mais rápido/mais barato) e as necessidades não articuladas (aquelas que os clientes não percebem conscientemente que "precisam" até vivenciarem o valor de sua nova maneira de resolver seu problema).

3. Esforce-se para Obter uma Visão Geral

Uma maneira de impulsionar a inovação em direção às necessidades não atendidas e não articuladas é fazer uma pausa e pensar, com uma estratégia, sobre a visão geral. Pergunte a si mesmo onde sua organização precisa ir e o que ela precisa fazer agora. A empresa está tentando reduzir os custos, por ordem recente do diretor executivo (CEO)? Está tentando alavancar as economias de escala ou evitar ter de despedir pessoas? Está tentando integrar vários sistemas de tecnologia da informação (TI) após uma recente aquisição ou fusão, ou reinventar seu modelo de negócios por causa de uma grande ruptura? Ou tornando-se mais ecológica?

Estando ciente e concentrado em uma necessidade não atendida, você pode começar a imaginar formas não convencionais e ainda não experimentadas para que você e seu departamento atendam a ela. Cada negócio tem problemas e objetivos não atendidos. Mas nem todo o mundo pensa sobre essas necessidades. Em vez disso, eles têm como objetivo apenas o que está diante dos olhos. Ao vender qualquer ideia para seu chefe, e o chefe de seu chefe, é importante colocar esses objetivos em destaque.

4. Assuma o Problema do Cliente

"Estamos treinando uma geração inteira de assistentes de gerentes de marketing que, se têm cinco bons itens em um slide, pensam que compreendem o negócio", diz Dev Patnaik, fundador e chefe executivo da Jump Associates e autor de *Wired to Care: How Companies Prosper When They Create Widespread Empathy* (sem edição em português). "Eles não percebem que seu negócio está no mundo — nas lojas onde as pessoas estão comprando seus produtos e serviços e nas casas onde vivem suas vidas."

O desafio de sua organização é criar valor para os clientes, e o valor está nos olhos, ouvidos e papilas gustativas de quem vê, ouve ou experimenta. Ainda assim, como muitas partes na organização e na "cadeia de valor" maior atendem aos seus colaboradores, é fácil perder isso de vista.

"Nunca olhamos para fora da janela", foi uma reclamação que ouvi em uma organização de relatórios do consumidor. "Estamos tão ocupados dentro dessas quatro paredes que nos tornamos limitados.

'Isso é responsabilidade dos negócios' ou 'Não é meu trabalho' é a atitude habitual. Em seguida, uma crise acontece, como uma virada competitiva que faz com que nossos produtos deixem de ser os preferidos no mercado, e tudo vira um inferno."

As empresas presumem que, como possuem muitos clientes hoje, amanhã será o mesmo. Desculpe, mas simplesmente não há garantia de que eles ficarão com você.

Quer desenvolver sua paixão por clientes em uma Habilidade-I completa? Não é tão difícil expandir para um ponto de vista único. Saia da bolha de sua cultura, interaja com um número suficiente de pessoas e ouça o que elas têm a dizer. Isso lhe dará uma ideia sobre o que o mundo lá fora pensa, sente e percebe em relação à sua empresa, diferentemente do que as pessoas do lado de dentro supõem.

Esforce-se para adquirir empatia pelo cliente final, não importa quem ele seja. E lembre-se: você pode fazer isso, mesmo quando aquelas vozes em sua cabeça repetem que a gerência sênior não se importa desde que todos estejam alcançando seus números.

5. Trate Seu Chefe como um Cliente

Em um voo recente, conversei com Fred, um jovem supervisor que trabalha para uma empresa multinacional de alimentos na Costa Oeste. Não demorou muito para descobrir que Fred estava frustrado com sua carreira. Ele gosta de seu trabalho, se dá bem com suas principais contas de varejo e gosta de gerenciar as nove pessoas que se reportam a ele. Contudo, está enfrentando problemas com seu chefe, que é dois anos mais jovem que ele.

"Ele sempre rouba minhas ideias", Fred confessou. "Estou pensando em procurar outro emprego." Conforme discutimos sua situação, não restou dúvida de que o chefe de Fred sente-se ameaçado. Fred descreveu estar em uma reunião com uma equipe interfuncional, a maioria era de nível sênior, debruçada sobre o gráfico no livro de negócios de um cliente. De repente, Fred compreendeu uma coisa.

"Estamos olhando para o problema do jeito errado", ele exclamou. "Na verdade, precisaremos de sete anos para alcançarmos o equilíbrio com este cliente." Os números foram rapidamente analisados e, certamente, com a nova perspectiva de Fred usada como base de análise, os olhares de destaque na sala diziam 'Bravo', Fred recordou com uma mistura de orgulho e dor.

O chefe de Fred, que também estava na reunião, não foi nada congratulatório. Ele se sentiu vencido, ameaçado. E assim começou essa tensão entre Fred e seu chefe. Fred inclinou-se para perguntar: "O que devo fazer?".

"Em primeiro lugar", sugeri, "fique feliz por seu gerente roubar suas ideias. É a prova de que você está tendo as ideias certas. Não foi por isso que você foi contratado? Além de seu trabalho regular de gerenciar relacionamentos-chave, você recebe problemas específicos, como reunir dados, analisar números e interpretar resultados. Em seguida, você analisa tudo com sua imaginação e produz ideias que agregam valor."

"Seu chefe é o comprador de suas ideias", eu prossegui, "assim como você é o comprador das ideias entregues a você por seus relatórios. Essas ideias são como as peças do OEM que entram em um produto fabricado e não recebem etiquetas 'Intel Inside' para dar crédito. Assim, por mais difícil que possa parecer, supere isso. Mas saiba de uma coisa: sua hora vai chegar. Se você tem provado que pode produzir ideias — a moeda da Era da Inovação —, a qualidade de suas ideias se tornará evidente sem a necessidade de anunciá-las."

"Por outro lado", continuei, "se seu gerente não tem ideias, não demonstra imaginação, não entende como agregar valor aos seus 'clientes' superiores (gerência sênior), bem, adivinha só, eles descobrirão isso em breve. Se o sucesso dele depende apenas da caçar suas ideias, ele está encrencado — é apenas uma questão de tempo!"

Deixe as ideias fluírem — são a razão pela qual você tem um emprego.

Habilidade-I nº 4

Pense à Frente da Concorrência

Note as Tendências, Antecipe Ameaças e Descubra Oportunidades Ocultas

Levo uma lanterna comigo nas viagens. Carrego uma em meu carro. Temos cinco lanternas espalhadas pela casa.

Você provavelmente está pensando, "Qual é o problema? Por que tantas as lanternas?".

Eu aprendi o valor de uma lanterna anos atrás, em um mochilão nas montanhas de Grand Teton, em Wyoming. No primeiro dia, parei de caminhar no início da noite, armei minha barraca e fiz o jantar. Então, ainda com um pouco de luz do sol, decidi verificar os arredores.

Serpenteei por um prado largo cheio de mato, corri em algumas trilhas e avistei um pequeno lago em formato oval. O sol poente refletia as cores mais incríveis. Sentei-me em um tronco para apreciar a cena e quando me levantei para voltar para meu acampamento, percebi o quão escuro tinha ficado de repente. Conforme regressava a minha barraca, fiquei preocupado em tropeçar em uma rocha ou bater em uma árvore. Durante as horas seguintes, andei com as mãos diante de mim, tateando meu caminho até a barraca.

Desistindo, encolhi-me sob um pinheiro com um mapa topográfico do Serviço Florestal como meu cobertor. Como era verão, não corria perigo de morrer congelado. Ainda assim, estava um pouco desconfortável, especialmente quando começou a chover.

Quando a luz do dia apareceu, olhei em volta. Lá estava minha barraca, a poucos metros de distância!

Com essa experiência aprendi duas lições.

Primeira, estar perto do abrigo não traz nenhuma vantagem.

Segunda, as coisas acontecem rápido quando você não está prestando atenção.

O mesmo acontece nos negócios, nas organizações e nas carreiras: uma ruptura pode bombardeá-lo "repentinamente". "De repente" as vendas despencam como o sol de Teton. Sem mais nem menos, seu departamento é atingido, empregos são ameaçados e todos se perguntam o que acontecerá e o que fazer.

No mundo hipercompetitivo de hoje, você precisa de sua própria versão de lanterna. Com ela em mãos, você descobrirá que as coisas não acontecem assim tão de repente. Verá que muitas vezes as sementes de ruptura estiveram germinando durante algum tempo, se ao menos estivéssemos acompanhando as tendências com o desejo de atacar nossas suposições sobre o que tais tendências estavam sinalizando.

Embora ninguém possa prever o futuro, dominar a Habilidade-I deste capítulo — pensar à frente da concorrência — lhe dará uma vantagem sobre ameaças e oportunidades na hora de tomar uma atitude.

Claro, algumas rupturas materializam-se tão rápido que quase ninguém as vê chegando ou compreende sua gravidade. Mas, por meio do desenvolvimento da capacidade de acompanhar as tendências emergentes, avaliar e interpretar as mudanças que se relacionam com seu mundo, você está posicionado para transformá-las em novas oportunidades e vantagem estratégica para si mesmo, sua organização e sua carreira.

Não importa o tipo de trabalho que você faça ou o setor em que está, você pode melhorar em antecipar o que está por vir.

Todos podem melhorar em detectar problemas e oportunidades emergentes e se preparar com soluções. Esse é o foco deste capítulo — ajudá-lo a se tornar indispensável para sua organização, em virtude de suas habilidades nesta área. Líderes que esperam até que todos os dados estejam claros, geralmente acabam seguindo o rebanho. E, nos dias de hoje, seguir o rebanho não o diferencia; só o torna redundante. Então, vamos fazer uma visita ao líder adepto da inovação que usou esta Habilidade-I para repensar e redesenhar completamente as operações de back-office de uma empresa global e para impulsionar sua carreira.

A Inovação Diz Respeito a Todos

COMO O CIO DA PROCTER & GAMBLE PENSA À FRENTE

Em Cincinnati, conheci Filippo Passerini, diretor de tecnologia e informação (CIO, do inglês *chief information officer*) da Procter & Gamble. Ele era um cara fascinante — Ph.D. em estatística pela Universidade de Roma, pai de três filhos, alpinista técnico. E é admirado em sua organização pelo que ele e sua equipe têm sido capazes de realizar para o bem da empresa.

Passerini era a força motriz por trás de renovação radical das operações de back-office da Procter. O movimento eliminou US$1,2 bilhão em custos para a Procter & Gamble. Permitiu que a gigante em produtos de consumo respondesse rapidamente à Crise Econômica Global e trouxesse novos produtos ao mercado com mais rapidez do que nunca.

Então, como Filippo avança depois de rotineiramente dedicar 60 horas semanais ao trabalho? Ele joga xadrez. "Pensar no que seu oponente fará nas próximas três jogadas é uma boa disciplina para os negócios", ele me disse com um sotaque italiano.

Filippo é a ilustração perfeita do poder de pensar à frente da concorrência.

"Foi a nossa leitura das tendências que nos levou a fazer esse movimento", explicou. Em frequentes sessões de *brainstorming*, ele e sua equipe central de cinco pessoas viram que o mundo estava mudando. Estava mudando de "grande é bom" para "flexível é bom" para "rede de contatos é bom".

"Quinze anos atrás, se você fosse uma grande empresa, isso seria uma vantagem competitiva. Então flexibilidade era o caminho para alcançá-la. Mas vimos que, nos cinco anos seguintes, a rede de contatos se tornaria cada vez mais importante." O que fazer?

A visão de Passerini foi a de que toda a empresa deveria operar a partir de uma rede global consolidada e integrada. Ele e sua equipe atacaram a suposição de que a forma com que a Procter & Gamble lidava com as funções de back-office, como finanças e contabilidade, recursos humanos, gestão de instalações e tecnologia da informação (TI), era boa o suficiente. Eles sabiam que estavam cheios de duplicação e desperdício, então se propuseram a construir uma nova unidade — Serviços de Negócios Globais — para assumir e consolidar todas essas operações.

Hoje, os centros de serviços compartilhados na Costa Rica; Manila, Filipinas; e Newcastle, Inglaterra, fornecem suporte em rede 24 horas para as operações da Procter & Gamble em todos os lugares. Todas as atividades não estratégicas foram terceirizadas para fornecedores externos. E Passerini e seu grupo "se descomercializaram" de um prestador de serviços interno para se tornarem um parceiro estratégico para a organização.

"Um dos nossos pilares é pensar no futuro, antecipar o que está por vir e, em seguida, agir. É muito melhor do que reagir."

Os líderes adeptos da inovação, como Filippo Passerini, não apenas acumulam inteligência. Eles analisam criativamente os dados, discutem sobre eles, debatem suas implicações e tentam ligar os pontos de forma significativa. Eles procuram chegar a um ponto de vista, tanto individual quanto coletivamente, sobre como transformar as rápidas mudanças de hoje nas oportunidades de amanhã. E, então, agir.

Como você está "desvendando" as tendências em seu mercado e em sua indústria e no resto do mundo? O que há de novo em sua dieta de informação que está estimulando seu pensamento? Em quais tendências, tecnologias emergentes e desenvolvimentos você está mergulhando para obter vantagem de conhecimento?

"Gerencio minha vida como um jogo de xadrez", Passerini me disse quando eu estava saindo. "Ainda estudo diariamente."

Não é um conselho ruim para todos nós.

OITO COMPONENTES PARA PENSAR À FRENTE DA CONCORRÊNCIA

Se você quer ser como Filippo Passerini e pensar à frente da concorrência, há oito regras que devem ser seguidas. São elas:

1. **Revise sua dieta de informações.**
2. **Pense em si como os olhos e ouvidos de sua organização.**
3. **Construa suas redes de informação e apoio.**
4. **Procure pessoas com visão de futuro e orientadas para ideias.**
5. **Domine a arte de mergulhar profundamente.**
6. **Desenvolva seu ponto de vista sobre questões-chave.**
7. **Ligue os pontos.**
8. **Dê às pessoas a permissão para lhe dar más notícias.**

1. Revise Sua Dieta de Informações

No início da década de 1950, as vítimas da poliomielite, a maioria crianças, estavam morrendo a uma taxa de 58 mil por ano, apenas nos Estados Unidos, com mais de 300 mil casos notificados. Equipes de cientistas estavam trabalhando contra o tempo para desenvolver uma vacina, mas a solução demorava a chegar. Então um pesquisador desconhecido, da Universidade de Pittsburgh, chamado Jonas Salk apareceu. Sua solução pouco convencional foi desenvolver uma vacina de vírus mortos. Todos estavam trabalhando com o pressuposto de que um vírus vivo era a fonte da solução.

Hoje quase não existem casos registrados de poliomielite.

Uma vez, tive o privilégio de entrevistar Salk em um voo de cinco horas nos Estados Unidos. Percebi que ele era direto e ávido em debater e se envolver com o assunto em questão (ele havia acabado de publicar um livro chamado *World Population and Human Values,* sem edição em português). Depois de eu ter citado várias vezes um livro que estava lendo, Salk fez uma pausa e perguntou: "Onde está esse livro que você menciona? Você tem um exemplar?". Quando eu retirei o livro de minha mala, Salk o leu rapidamente durante 30 minutos antes de me devolver. Em seguida, fez uma impressionante comparação e contraste com suas próprias ideias em vários pontos.

Fiquei impressionado. Jonas Salk tinha uma atitude de assumir o comando das informações e novas ideias, e isso transpareceu. No entanto, ele não era único em relação a isso.

Apesar de meus 22 anos de estudo e observação de inovadores em todos os campos de atuação, ainda fico constantemente impressionado como o "apetite voraz por novas informações" descreve uma característica que essas pessoas partilham. Elas trabalham para ficar em condições de igualdade com uma paixão incomum. Debruçam-se sobre os dados. São leitoras ávidas e curiosas. Elas se inscrevem, ou monitoram online, uma variedade de publicações. Elas leem os livros mais recentes.

Usando todas as oportunidades disponíveis para absorver novas informações e ideias, formam uma rede de contatos o tempo todo e procuram pessoas que tenham conhecimento em assuntos sobre os quais querem aprender mais. Fazem perguntas, analisam profundamente e abrem suas mentes para o que as respostas significam. Onde quer que estejam — conferências, eventos sociais, de passagem por aeroportos —, estão alertas para a notícia que podem usar.

Inovadores levam esta Habilidade-I a sério, porque ela forma a base de tudo que eles fazem e são. É o nexo de sua proposta de valor pessoal. Sua entrada superior informa sua visão de mundo e serve como um "sistema de aviso precoce" para alertá-los sobre a necessidade de alterar seu ponto de vista ou direção. Além disso, traz a eles ideias superiores.

"Eu quase me sinto como uma farsa", disse um gerente. "As pessoas pensam que eu tive todas essas ideias, mas, na verdade, copiei de outro lugar, geralmente de minha leitura."

Reserve um momento, agora mesmo, para ponderar sua "dieta de informação" e o que você adicionou a ela nos últimos tempos. O que se destaca? O artigo que você leu esta manhã na internet? A *conference call* da qual você participou ontem à noite, com uma equipe especial com quem você está envolvido? A pilha de slides de um membro do conselho de sua sociedade profissional? A conversa que você teve na semana passada com um membro-chave de sua rede de contatos principal?

Depois pergunte a si mesmo: minha dieta de informação é a melhor possível ou eu preciso fazer mudanças? Eu costumo descobrir tendências quando elas ainda estão começando ou descubro que, constantemente, preciso alcançar o que as outras pessoas parecem já conhecer? Eu costumo navegar na internet sem rumo ou sou focado? Como abordo novos tópicos? Costumo gastar meu tempo de leitura dando ênfase aos detalhes do escândalo ou desastre mais recente ou absorvendo artigos cujo conteúdo é bem pesquisado, documentado e sobre um assunto do qual preciso saber mais?

Sua dieta é composta de informações que você consome em virtude daquilo ao qual você se expõe. Quão nutritiva é sua dieta?

2. *Pense em Si como os Olhos e Ouvidos de Sua Organização*

Os líderes adeptos da inovação pensam em si mesmos como a organização. Eles se consideram seus olhos, ouvidos, nariz, mesmo que os números da organização estejam nas centenas de milhares. Eles são pontos de escuta, dispositivos sensores de mercado, descobridores de novas práticas recomendadas, caçadores de tendências futuras. Eles se reúnem a partir das conferências que frequentam e dos contatos sociais que nutrem. Constantemente renovam sua mentalidade, atualizam e ampliam seu cabedal de habilidades e reabastecem seus conjuntos de ferramentas para os dias que estão por vir.

Parte disso é apenas uma curiosidade natural e amor pelo aprendizado. Outra parte é estratégica: eles sabem que a capacidade de ter uma ideia atraente e que agrega valor depende da alimentação volumosa e adequada do ambiente maior. Sabem que as matérias-

-primas que entram em suas "fábricas de ideias" são informação, fatos e ideias, que podem se unir em novas soluções, novos benefícios para os clientes, novos produtos ou serviços ou ideias para reduzir custos.

Quando você pensa em si mesmo como os olhos e ouvidos de sua organização, as pessoas notam. Os colegas percebem que você sempre tem uma informação melhor à sua disposição. Eles prestam atenção quando você compartilha fatos pertinentes e contribui com exemplos relevantes. Os gerentes seniores pensam em você como alguém que eles podem chamar para contribuir com observações úteis. Eles começam a confiar em você para mantê-los informados, atualizados, instruídos e focados na visão geral.

Quando você desenvolve uma reputação de alguém interessado no futuro, é mais provável que seja convidado a ajudar sua organização a criar esse futuro. É mais provável que você faça parte de uma equipe multifuncional ou projeto para encontrar novas fontes de rendimento, realizando uma transformação da cultura de sua empresa ou criando um novo modelo de negócios.

Você estará pronto? Que valor você trará para a tarefa?

Minha sugestão é esta: prepare-se com antecedência, pensando em si mesmo como os olhos e ouvidos de sua organização. O que está acontecendo lá fora, que sua organização ou departamento precisa saber? Quem está monitorando as tendências tecnológicas, demográficas, sociais e econômicas em sua organização? Como você pode alcançar essas pessoas e demonstrar seu interesse?

Leve a sério a difusão dessas informações para as pessoas que precisam saber delas ou se beneficiariam com isso. Mais cedo, em vez de mais tarde, você obterá uma perspectiva sobre o que esses projetos "à frente da concorrência" serão ou deveriam ser. Em seguida, analise quais têm maior potencial para produzir avanços para sua empresa e prenda-se a eles.

Faça da inteligência competitiva sua vantagem competitiva.

3. Construa Suas Redes de Informação e Apoio

Eleanor Roosevelt disse certa vez: "Descobri, há muito tempo, que poucas pessoas fazem uma grande diferença para mim. Mas esses poucos importam imensamente. Vivo cercada por pessoas, e meus pensamentos sempre estão com os poucos que importam, estejam eles perto ou longe".

As pessoas também cercam você. Talvez, como a precursora primeira-dama, você também conte com poucos. Esses poucos escolhidos são sua rede principal. "Minha rede é onde obtenho algumas de minhas melhores ideias", disse John Draper, vice-presidente de Marketing da Mead Consumer Products. "Converso regularmente com um pequeno número de pessoas, e temos uma boa troca de ideias."

Os membros de sua rede principal podem ser determinados integrantes de sua família, cuja lealdade para com você seja profunda, cuja sinceridade e apoio estejam com você nos bons e maus momentos, na saúde e na doença. Podem ser conhecidos que você encontrou na faculdade ou em cargos anteriores. O que eles têm em comum não é apenas a maneira como trocam informações, mas também o que fazem com seu pensamento e com as decisões com as quais lutam. Eles estimulam seu pensamento e te incentivam a pensar grande. Não há necessidade de não ser sincero e reservado sobre a informação que você revela. Com sua rede principal, a confiança é sagrada.

É essencial nutrir essa rede, mesmo durante semanas de trabalho de 50 horas. Essas pessoas estão mais próximas de você no sentido que Eleanor Roosevelt descreveu. São menos propensas a serem ignoradas. Contudo, mesmo esse grupo principal precisa de atenção, doação e partilha, se você pretende que essas pessoas lhe deem feedback, um ombro para chorar ou que sejam alguém com quem se gabar quando tiver um episódio de sucesso.

Existem duas redes principais.

1. Sua rede interna/externa: as pessoas desse grupo não só zelam por você, elas também te ajudam a prestar atenção nas tendências emergentes e nas mudanças com as quais estão lidando. Elas compartilham como estão analisando isso e tentando capitalizar esses desenvolvimentos.

2. Sua rede de especialistas: "Eu recomendaria desenvolver uma rede de especialistas", diz Christopher Rollyson, perito em rede social. "Ela deve incluir colegas dentro e fora de sua organização. As pessoas nem sempre são capazes de disponibilizar tempo para comparecer às reuniões, então [participam] de fóruns em sites de redes sociais como o LinkedIn." Rollyson participa de 25 fóruns e diz que isso não consome muito tempo.

Por meio de outras redes sociais, como Facebook, MySpace e sua própria rede, você pode alcançar centenas e até milhares de outras pessoas. Mas concordo com Eleanor Roosevelt que devemos ter tempo e espaço no coração apenas para aqueles que realmente importam. Eduque-os e seja bom com eles, e eles verão você através das rupturas e dos tempos difíceis. Dê apoio a eles em suas jornadas inesperadas, suas decisões estranhas e as paixões que você não compartilha. Se você escolheu bem, eles estarão ao seu lado. Dê-lhes amplo espaço, e eles lhe darão um conselho sábio. Perdoe suas tolices, e eles irão perdoá-lo. Sempre tenha um espírito de lealdade e coloque os outros antes de si mesmo.

Questionada sobre como ela lidou com as redes de contatos, uma gerente disse que foi simples. "Olhei para os nomes das pessoas em minha rede e pensei: 'Com quem preciso fazer contato? Como eles estão?'. Entrei em contato com eles por meio de um bilhete ou e-mail e informei que estava pensando neles."

Ela tinha razão.

Em seu ambiente saturado de pessoas, você pode ficar ocupado indo de uma reunião ou viagem de negócios para a outra. É muito fácil perder o contato. Não deixe isso acontecer com você e sua rede principal.

4. Procure Pessoas com Visão de Futuro e Orientadas para Ideias

Reserve meia hora e vá para um refrescante passeio ao ar livre, em que você conversa enquanto desfruta de um pouco de ar fresco e faz exercícios. É incrível como muitos dos inovadores que entrevistamos nos disseram que tiveram a maioria de suas ideias por estarem próximos de outras pessoas orientadas para ideias. Eles ficaram animados durante a conversa, e muitas vezes tiveram dezenas de novas ideias. Pessoas de ideias são amigos, colegas, colegas de trabalho e vizinhos que usam ideias em suas próprias vidas. São pessoas que ficam animadas quando você as expressa e que gostam de falar sobre as próprias.

Reserve um momento agora e faça uma lista das pessoas que você conhece que estimulam sua criatividade quando estão próximas. Depois, pergunte a si mesmo como você pode passar mais tempo com essas pessoas, sem desprezar suas outras responsabilidades. Se elas não existem em sua vida no momento, decida fazer algo a respeito. Por exemplo, você pode participar de reuniões de organizações em seu campo ou profissão. Por meio de um esforço consciente, você pode, e vai, aumentar o número de pessoas orientadas para ideias que considera amigas.

Ao criar e construir suas redes, você obterá todos os tipos de informações — mas não se você dominar a conversa. Tenha como objetivo extrair os interesses e ideias criativas fazendo perguntas. Todo mundo pode dar uma ideia ou duas a você se você for respeitoso o suficiente para deixar aquela pessoa falar sobre o que ela faz e sabe. Extraia a criatividade dos outros em cada oportunidade. Descubra com o que estão preocupados, com que mudanças estão tendo que lidar em suas vidas e no que estão interessados. Descubra o que os motiva. Você ficará surpreso com o quanto suas próprias ideias serão influenciadas por ouvir as ideias dos outros.

5. Domine a Arte de Mergulhar Profundamente

Se você é um mergulhador, sabe que um mergulho profundo é aquele em que você desce 55 metros ou mais. Para nossas finalidades, um mergulho profundo informativo é aquele em que você desce bem abaixo da superfície de um assunto que é novo para você ou sua empresa ou departamento. Digamos que um novo tema desponta no horizonte. Uma possível ruptura é mencionada pela primeira vez. Um concorrente introduz um novo sino ou apito que você sente que pode ser significativo.

Um cliente interno incita sua curiosidade, fazendo uma pergunta para a qual você não tem resposta. Em vez de esperar que outra pessoa mostre iniciativa, comprometa-se em desenvolver novos conhecimentos de trabalho para pensar nas implicações e analisar as possibilidades.

Há momentos em que você será convidado a dar um mergulho profundo. Esse foi o desafio que Lisa Peters, a especialista em recursos humanos que orquestrou a fusão do Mellon Bank com o Bank of New York, apresentou a sua equipe de transição. Quando entrevistei Lisa, ela me contou como encorajou suas equipes de transição para descobrir a *vantagem*, ou seja, analisar a competitividade e pesquisar "quem é o melhor na categoria" e que direção as tendências estão tomando em áreas especializadas, como benefícios, folha de pagamento e práticas de recursos humanos em geral. Em vez de terceirizar essa jornada de aprendizagem para uma empresa de consultoria, Peters desafiou várias equipes de fusão para dar esse mergulho profundo.

"O que eu pedi foi uma avaliação de cada uma das duas organizações em fusão para determinar as atuais práticas recomendadas. Depois, eu os desafiei a fazer uma avaliação do que está disponível no mercado e, por fim, o que achamos que está por vir? Quando você olha para o que há de melhor no mercado hoje, tem que realmente começar a falar com as empresas sobre quais são as inovações que implementarão em seguida. Como continuam a mudar seu produto e em que momento? Como estão recebendo informações sobre o futuro para saber o que está por vir?"

Dominar a arte do mergulho profundo significa prestar atenção às mudanças que acontecem ao seu redor. Significa detectar os deficit de conhecimento que surgem em um mundo de mudanças rápidas e estar disposto a desvendar novos conhecimentos para seguir em frente.

6. *Desenvolva Seu Ponto de Vista sobre Questões-chave*

A internet não é apenas o maior causador de rupturas de todos os tempos; é também uma conveniência indiscutível. Com apenas alguns cliques, você pode fazer todos os tipos de pesquisa, esteja em casa, no escritório ou em um quarto de hotel. Nunca um novo sistema de comunicação mudou tantos hábitos pessoais ou desempenhou tantos papéis em nossa vida.

O escritor de tecnologia Nicholas Carr está preocupado com o lado negativo do fácil acesso a posts de blog, vídeos, podcasts, jornais e revistas. Ele acredita que isso está corroendo nossa capacidade de concentração e contemplação. Em um artigo no *Atlantic Monthly* ele faz uma pergunta provocativa: "O Google está nos tornando idiotas?".

Não só o jeito que ele lê foi alterado, mas "o jeito que eu penso mudou", escreveu Carr. Mais e mais vezes ele se encontra lendo às pressas, navegando, saltando e mordiscando. "Agora minha mente espera absorver informação da forma como a rede a distribui: em um fluxo rápido de partículas. Uma vez, eu era um mergulhador no mar de palavras. Agora deslizo pela superfície como um cara em um jet ski."

Para os inovadores, Carr levanta uma questão importante. Desenvolver a capacidade de pensar à frente da concorrência exige mais do que aquilo que lemos às pressas, digitalizamos e monitoramos. Também exige ponderar sobre o que lemos. Exige reservarmos um tempo para desenvolver nosso próprio ponto de vista com base em nossa análise cuidadosa do que lemos.

É esse componente interpretativo sobre as questões principais que lhe dá vantagem. Não se permita sucumbir ao excesso de informação e escassez de interpretação.

Carr diz: "Nossa capacidade de interpretar o texto, de formar as ricas conexões mentais quando lemos profundamente e sem distração" é o que costuma ser prejudicado pela fixação na internet. "O tipo de leitura profunda que uma sequência de páginas impressas promove é valiosa, não apenas para o conhecimento que adquirimos a partir das palavras do autor, mas para as vibrações intelectuais que essas palavras despertam em nossas mentes. Nos espaços tranquilos abertos pela leitura assistida e sem distrações, fazemos nossas próprias associações, tiramos nossas próprias inferências e analogias e alimentamos nossas próprias ideias."

Apenas navegar na internet não vai lhe dar uma vantagem. Analisar manchetes e ler artigos e relatórios às pressas é necessário, porém insuficiente. Ouvir informações importantes enquanto se realizam outras três tarefas, pode parecer um bom uso de seu tempo, mas não vai lhe dar uma vantagem. Ler artigos com metade ou um quarto da concentração é melhor do que nada — mas não muito.

Mas, se você alimentar sua mente com as informações e ideias mais recentes e reservar tempo para refletir sobre o que significam, você desenvolverá um ponto de vista sobre as principais questões que sua organização enfrenta. As pessoas começarão a pensar que você tem esse atributo raro e muito valorizado conhecido como visão.

7. Ligue os Pontos

Encontrei o colunista do *New York Times* Thomas Friedman em uma recepção em São Petersburgo, na Rússia, no início de 2010. Não pude deixar de perguntar ao autor do best-seller *O Mundo é Plano* sobre uma expressão que ele usou ao falar com estudantes universitários na minha cidade, Santa Bárbara. Um estudante perguntou como orientar sua carreira nestes tempos incertos. A resposta de Tom foi: "Aprenda a ligar os pontos".

Quais são os pontos? Em relação a seu próprio caso, Tom explicou como desenvolveu experiência em assuntos externos, política em Washington e negócios aceitando várias tarefas e estando disposto a começar do zero e aprender uma nova área. Ele incitou os alunos a descobrirem seus "pontos" e, em seguida, encontrar maneiras de conectar seus vários conjuntos de habilidades para se tornarem indivíduos mais poderosos e únicos.

Inovadores fazem isso rotineiramente. Estão sempre aprendendo e olhando além dos limites artificiais que dividem departamentos, profissões, indústrias e culturas. Sempre conectam o desconectado.

As pessoas que realmente veem à frente da concorrência e mudam o mundo são chamadas de visionárias. Uma delas, o fundador da FedEx, Fred Smith, me explicou: "A visão é apenas um acúmulo de informações mecanicamente produzidas e estar disposto a fazer certas suposições com base nas mudanças que estão acontecendo. Às vezes essas mudanças ocorrem em áreas muito diferentes, e você as sintetiza para ter uma ideia."

Em outras palavras, liga os pontos.

8. Dê às Pessoas a Permissão para lhe Dar Más Notícias

Você tem que permitir às pessoas que lhe deem uma notícia ruim sem que você mate o mensageiro. Você deve agradecer às pessoas por identificarem problemas no início, dando-lhes a oportunidade de resolvê-los. Parte disso é como você lida com feedback sincero, mas a outra parte é estar presente.

Ouvir más notícias da maneira certa pode transformar uma situação desafiadora em uma oportunidade para brilhar.

COMO DOMINAR ESTA HABILIDADE-I

Dominar a Habilidade-I de pensar à frente da concorrência exige que você pratique diariamente. É hora de aprimorar essa habilidade em um diferencial competitivo para você e sua empresa.

Aqui estão minhas sugestões para agir:

1. Monitore tendências paralelas. Por exemplo, como sua correspondência mudou? O que chega à sua caixa de correio físico hoje em comparação a um ou dois anos atrás? Quais são as tendências nos e-mails que você recebe?

2. Aprenda a separar modismos de tendências. Lembre-se da expressão "ele/ela está sempre perseguindo objetos brilhantes". Qual é o poder de permanência da nova ferramenta ou tecnologia? É um modismo?

3. Não espere que a gerência sênior chegue até você e explique como eles acham que você e seu departamento podem ajudá-los a inventar o futuro ou implementar uma nova cultura.

A Inovação Diz Respeito a Todos

4. Comece observando tendências, aplique-as à sua vida e trabalhe com questões perspicazes. Não irá demorar muito até você se deparar com excelentes conexões que indicam oportunidades para sua empresa e para você.

Habilidade-I nº 5

Torne-se uma Fábrica de Ideias

Como Produzir Grandes Ideias em Abundância, Mesmo sem se Considerar Criativo

Você teve seu "Dia de Doug" ultimamente?

Tenho compartilhado o método "Dia de Doug" com o público e clientes do mundo todo. Espanta-me quantas pessoas responderam a essa história. Um cliente me mandou um e-mail, depois de eu palestrar aos seus colegas reunidos em Houston. "Depois de seu workshop todos fizeram piada sobre o assunto: 'Ei, você precisa de um Dia de Doug. Ou um Dia de Sylvia. Ou um Dia de Sven ou um Dia de Daniel'. Durante a conferência, as pessoas mantiveram o reforço."

Quem é Doug? O que é seu dia? Doug Greene é presidente da New Hope Communications, uma empresa de alimentos naturais em rápido crescimento com sede no Colorado. Perguntei a ele de onde tira suas ideias.

"Uma vez por mês agendo o que chamo de um Dia de Doug", disse ele. "Criei um período de tempo em que não faço absolutamente nada. Não tenho compromissos; vou para outra cidade ou para um ambiente diferente. Sento e desenho ou qualquer outra coisa instintiva. Penso na minha equipe. Será que temos as pessoas certas no ônibus e nos assentos certos? Penso sobre meu nível de entusiasmo e o que está acontecendo com meu nível de energia. Estou esgotado? Onde preciso fazer mudanças? Como estamos indo ao cumprir nosso plano estratégico? Penso nas oportunidades. E confesso que se eu não tivesse esses Dias de Doug desde que comecei esta empresa, não teria nem metade do sucesso que temos, nem metade da qualidade de vida."

Imagine o quão revigorado e rejuvenescido você se sentiria, e quantas ideias você poderia ter, se você se permitisse tirar um "Dia de Doug".

Todo mundo tem ideias. Mas poucos sabem como manter sua "fábrica de ideias" fortificada para produzir riqueza de forma consistente, quando e onde for necessário, mesmo quando há dificuldades.

Poucos sabem trabalhar com suas ideias para resolver problemas, produzir resultados e criar oportunidades. Poucos sabem como implantar suas ideias para se transformarem de "gerente/funcionário competente" em "talento procurado e difícil de substituir". Portanto, este capítulo é sobre como desenvolver a habilidade de inovação chamada "Tornar-se uma Fábrica de Ideias", de modo que você faça da criatividade seu caminho para a indispensabilidade.

ESCASSEZ CRIA VALOR; VALOR CRIA INDISPENSABILIDADE

Já ouviu alguém dizer alguma das seguintes afirmações?

"Ideias não são nosso problema. Temos muitas ideias atraentes por aqui."

"Geramos muitas ideias que ajudam a reduzir custos, encantar clientes e fazer com que voltem."

"Há muitas ideias que agregam importância e novidade para a proposta de valor de nossa empresa."

Imagino que não.

A demanda por esse tipo de ideias é sempre muito maior do que a oferta, especialmente hoje.

Basta perguntar a Justin W., que foi contratado como estagiário de gestão de operações na fábrica Bloomington, da Nestlé, em Illinois, assim que saiu da faculdade. Não demorou muito para Justin convencer seus gerentes a permitir que ele colocasse em prática várias de suas próprias ideias para cortar custos. Uma delas surgiu quando ele descobriu que pequenos ajustes na embalagem e no design poderiam fazer uma grande diferença na redução de resíduos. Outra foi reorganizar as embalagens para ganhar espaço para mais dez em uma única palheta, o que fez a empresa poupar US$60 mil por ano. As ideias de Justin fizeram com que ele fosse notado, e ele foi promovido para supervisor de uma equipe de 20 funcionários da fábrica.

Não muito tempo depois, surgiu uma vaga em outra fábrica da empresa em Utah. Justin aproveitou a chance. Agora ele gerencia funcionários que trabalham 44 horas, alguns dos quais têm o dobro de sua idade. "Eu estava ansioso para ser transferido por causa da oportunidade de ganhar experiência em liderança de linha de frente", disse Justin.

A escassez de ideias atraentes é o que cria valor. A escassez de indivíduos dispostos a não apenas ter ideias, mas tomar as medidas necessárias para implementá-las, é o que cria valor.

10 MANEIRAS DE MANTER SUA FÁBRICA DE IDEIAS FUNCIONANDO

Se você quer ser como Justin W. e Doug Greene e cultivar um fluxo interminável de ideias, aqui estão 10 ferramentas para orientá-lo.

1. **Inspecione regularmente sua fábrica de ideias.**
2. **Identifique quando e onde você tem seu melhor pensamento.**
3. **Melhore seu ambiente criativo.**
4. **Saiba quando ser multitarefa e quando ser unitarefa.**
5. **Pense na criatividade como algo que você pratica, não como algo inato.**
6. **Use seu estilo de inovação a seu favor.**
7. **Expanda seus próprios métodos para acabar com bloqueios.**
8. **Aproveite a recreação ao máximo.**
9. **Lembre-se de tirar seu "Dia de Doug".**
10. **Elabore um método para fazer o download de suas ideias.**

Exploremos uma por uma.

I. Inspecione Regularmente Sua Fábrica de Ideias

A maneira mais rápida e simples de verificar sua fábrica de ideias é olhar para sua lista de afazeres. É uma captura instantânea das ideias em que você está trabalhando agora. O que sua lista revela? As ideias estão relacionadas, principalmente, aos seus deveres funcionais básicos — pegar a roupa na lavanderia, terminar de computar os números, fazer x? Ou há também ideias relacionadas a projetos, oportunidades e metas maiores provenientes de sua estratégia de inovação pessoal?

Todos devem executar detalhes de rotina. Mas se estes são os únicos itens em sua agenda, sua fábrica de ideias precisa muito de uma reformulação. Não é que você não gere ideias; você certamente o faz. O problema é que você não as está colocando em prática de forma sistemática. Você está desprezando suas grandes ideias enquanto se deixa sobrecarregar pelos detalhes táticos. Você nunca avançará dessa maneira; no máximo, só irá transitar.

Para inspecionar completamente sua fábrica de ideias, tente isto por uma semana: leve um pequeno caderno onde quer que vá e anote as ideias que tiver. Alguns exemplos:

- Procure assistir seminários de rede social patrocinados pelo departamento de marketing.

- Analise a possibilidade de voltar a estudar e ter um MBA.

- Reúna-se com o departamento de vendas para falar sobre como iniciar uma campanha promocional para a nova linha de produto.

Verificar suas ideias fará com que você fique mais consciente das muitas possibilidades que estão piscando em sua mente. Algumas serão *alavancas*, outras serão um *estouro*. As alavancas são aquelas que você "pega emprestado" de outros setores ou pessoas — ou mesmo dos concorrentes. Os estouros são aquelas que brotam de seu próprio processo de imaginação. Se você estiver no modo derrotista ou sustentador quando evoca uma ideia, pode acabar expulsando-a. Pode rejeitá-la no minuto em que ela ocorre, não importa o quão promissora seja.

Sua fábrica de ideias requer manutenção constante.

2. Identifique Quando e Onde Você Tem Seu Melhor Pensamento

Pergunte a si mesmo:

- Onde você está quando tem suas melhores ideias?

- Quando, onde e em que hora do dia você geralmente pensa melhor?

- O que você faz para acabar com o bloqueio quando enfrenta um problema grave?

- Como você injetou criatividade para lidar com uma tarefa nas últimas 24 horas?

- Com que frequência você chega a soluções que outros elogiam como sendo "criativas"?

Anote suas respostas para que você explore completamente essas questões. Se você reservar tempo para pensar sobre essas questões e suas respostas, obterá mais conhecimentos sobre suas próprias maneiras de fortalecer sua fábrica de ideias. A próxima etapa é ir para esse espaço quando quiser cogitar algo seriamente.

Se há um momento do dia em que você pensa de modo mais criativo, tente reservá-lo para você e usá-lo ao máximo. Se há determinado local que diz "espaço de ideias" — seu escritório ou banheira —, reserve tempo para usá-lo, sozinho e livre de ruídos e distração. Confira locais fora de sua casa também: um parque, uma biblioteca, até mesmo uma tranquila cafeteria. Encontre um lugar onde você se sente seguro para pensar e sonhar.

3. Melhore Seu Ambiente Criativo

Não muito tempo atrás, trabalhei em um grande projeto com Rinaldo Brutoco, fundador e CEO da US Television, um dos pioneiros da televisão a cabo na década de 1970. Brutoco foi cofundador da World Business Academy com o cientista social Willis Harmon, da Universidade de Stanford. Para uma sessão de pensamento criativo, a família Brutoco convidou minha esposa e eu para nos juntarmos a eles em sua casa de férias no Havaí. Como seria uma curta temporada de trabalho, presumi que comeríamos fora. Mas depois que chegamos, Brutoco sugeriu que fôssemos ao supermercado.

Uma vez lá, Rinaldo começou a encher o carrinho como se não comesse há dias. Garrafas de sucos, abacaxis frescos e outras frutas da ilha, queijos e pastas exóticas — a conta chegou a várias centenas de dólares. Perguntei a ele para quem era toda aquela comida. "Nós!", exclamou ele. De volta à sua casa, começamos a trabalhar, as ideias começaram a fluir e o tempo voou. A sabedoria por trás de sua extravagância logo ficou evidente. Se saíssemos todos os dias para almoçar, perderíamos o embalo. Em vez disso, enquanto beliscávamos alimentos saudáveis, fomos capazes de avançar muito a cada dia e ainda fazer uma pausa no final da tarde para nos juntarmos a nossas esposas e nos divertirmos.

Brutoco estava aumentando conscientemente nosso ambiente criativo. Mas você não precisa gastar centenas de dólares ou voar até o Havaí para aprimorar o seu. Na verdade, você pode fazer coisas em seu escritório para transformá-lo em um lugar melhor para um *brainstorming* de ideias.

Outros encontram sua inspiração fora do escritório. Wayne Silby, o inovador de serviços financeiros, prefere flutuar em seu tanque de isolamento para "ver o que surge". Para um engenheiro em uma empresa da indústria de defesa, muitas de suas melhores ideias surgem quando ele levanta cedo e vai para seu escritório ouvir música clássica. Você pode descobrir que tem uma quantidade surpreendente de novas ideias quando está trabalhando duro em um projeto independente.

Deixe a criatividade fluir para você, dentro e fora de seu escritório.

4. Saiba Quando Ser Multitarefa e Quando Ser Unitarefa

Imagine que você está em Florença, Itália, em uma viagem de negócios. A parte da viagem relacionada ao trabalho acabou. Você vai até a Galleria dell'Accademia para ver o *Davi* de Michelangelo.

Você pensa sobre o foco e a habilidade do escultor que produziu essa grande obra. Em seguida, o celular toca, quebrando o feitiço, e você se encontra em uma ligação com alguém em outro continente. Você se afasta da multidão, porque precisa "atender a esta ligação importante". Quando retorna à maior escultura do planeta, imagina Michelangelo desbastando o mármore com um telefone celular amassando sua orelha — multitarefa. Dificilmente.

Você e eu podemos pensar que somos mais produtivos quando trabalhamos em várias tarefas ao mesmo tempo, mas as pesquisas mostram o contrário.

O professor Clifford Nass, da Universidade de Stanford, concluiu que "pessoas que são multitarefa são péssimas em tudo". Ele e seus pesquisadores descobriram que, em comparação com os que não são multitarefa, quem o é apresenta um fraco desempenho em uma variedade de atividades, são facilmente distraídos e têm dificuldade para se concentrar.

"O cerne do problema", diz Nass, "[é que pessoas que são multitarefa] pensam que são ótimas no que fazem. Também convenceram a todos de que são boas nisso."

É um desafio cortar a multitarefa quando a concentração criativa nos faria melhor. Todos nós temos a impressão de sermos produtivos quando conseguimos fazer malabarismo com várias bolas ao mesmo tempo. Todo mundo gosta de riscar itens da lista de afazeres.

O que eu recomendo é: se você está fazendo um trabalho de rotina, seja multitarefa até que seu coração esteja satisfeito! Mas quando você está fazendo um trabalho importante, não seja multitarefa.

Trabalhe em um projeto por vez. Não atenda ao telefone. Feche todos os navegadores web e elimine as distrações. E seja unitarefa — o que significa que você trabalha em uma tarefa por vez. Mesmo quando seus pensamentos vagueiam, ou você se afasta, lembre-se da importância de se concentrar singularmente, em vez de dispersar sua força mental por vários afazeres.

Michelangelo não foi multitarefa quando estava no modo criativo total. Você também não deveria.

5. Pense na Criatividade como Algo que Você Pratica, Não como Algo Inato

Todas as manhãs, às 5h30, a coreógrafa Twyla Tharp levanta da cama, veste um collant e pega um táxi para uma academia em Nova York para um treino de duas horas.

Em seus 35 anos de carreira, ela criou 130 danças e balés e inúmeros shows de sucesso na Broadway. Ela trabalhou com bailarinos, cenógrafos e músicos nos teatros de ópera de Londres, Paris, Estocolmo, Sydney e Berlim. Tem a própria companhia há três décadas. E, desde sempre, aderiu à disciplina do exercício logo de manhã cedo para ativar sua imaginação criativa.

Tharp reuniu suas ideias sobre o processo criativo em um livro fascinante, *The Creative Habit: Learn It and Use It For Life* (sem edição em português). A criatividade, observa Tharp, não é um presente dos deuses, mas resultado de preparação, rotina, esforço e disciplina. Mais importante, está ao alcance de todos aqueles que desejam alcançá-la. Criatividade não é apenas para artistas, é "para empresários que buscam uma nova maneira de fechar uma venda; é para engenheiros tentando resolver um problema; para os pais que desejam que seus filhos se destaquem e que sabem que sua criatividade será o diferencial".

O que uma pessoa deve fazer se quer operar em níveis criativos máximos? Tharp sugere que se estabeleçam rotinas criativas.

"A rotina é parte do processo criativo tanto quanto o lampejo de inspiração, talvez mais; e a rotina está disponível para todos."

Mais do que tudo, seus anos de rendimento apontaram para o valor da preparação. Tharp admite que há um paradoxo na noção de que a criatividade deve ser considerada distante do hábito. "Pensamos na criatividade como uma forma de manter tudo recente e novo, enquanto hábito implica em rotina e repetição. Esse paradoxo me intriga, pois ocupa o lugar onde a criatividade e a habilidade roçam uma na outra..."

"Ninguém pode dar seu tema a você, seu conteúdo criativo", ela conclui. "Se pudessem, seria criação deles, não sua. Mas há um processo que gera criatividade — e você pode aprendê-lo. Você pode torná-la habitual."

O mundo pode não perceber se você não exercitar sua imaginação hoje, amanhã ou no dia seguinte. Mas você perceberá. Na pressa de execução tática do dia a dia, não aderir às rotinas criativas pode resultar em músculos criativos atrofiados. Quanto menos você escrever, pensar ou criar, mais difícil será. Quanto mais você criar, mais criativo você será.

6. Use Seu Estilo de Inovação a Seu Favor

Sir Ken Robinson, autor de *Why Schools Kill Creativity* (sem edição em português), e um incansável defensor do incentivo da criatividade em crianças, conta a história da professora que distribuiu tintas, pincéis e equipamentos de proteção para seus pequenos e deixou-os livres. Pintem o que quiserem, ela convidou. Quando visitou seus alunos, perguntou a uma criança o que ela estava pintando. "Estou pintando um retrato de Deus", disse a garota com naturalidade.

"Mas ninguém sabe qual é a aparência de Deus."

"Saberão quando eu acabar", disse a criança.

Como crianças, nenhum de nós se define como não criativo. Como adultos, a maioria de nós define criatividade como o que as pessoas criativas fazem, e ficamos à margem. A conclusão de praticamente todos os especialistas que estudam criatividade desafia essa suposição. Por exemplo, William Miller, cujos quatro estilos de inovação foram resumidos anteriormente, sugere que a pergunta "Você é criativo?" é errada. Em vez disso, "Como você é criativo?" é mais útil para entender se estamos utilizando nosso estilo preferido de inovação para nosso benefício. Cada um dos quatro estilos básicos de Miller contém forças inerentes e possíveis calcanhares de Aquiles quando se trata de realizar novos projetos. Por exemplo:

Estilo de Visão: Se este é seu estilo preferido, você não tem problema em criar ideias; essa parte é fácil. Você produz rapidamente ideias relacionadas com "a forma como poderia ser, mas não é agora". A desvantagem deste estilo é que você tende a ser pouco realista sobre os detalhes, os planos de ação e o acompanhamento envolvido em transformar a visão em realidade. Para fazer este estilo trabalhar para você, é necessário fazer parcerias com pessoas de outros estilos, para maximizar os resultados e evitar tornar-se um sonhador, não um executor.

Estilo de Modificação: Se você preferir este estilo, está apto a pensar em si mesmo como não sendo criativo e, assim, descontar sua contribuição. Sua força é a disciplina e atenção aos detalhes, sua capacidade de aperfeiçoar o trabalho e chegar a inúmeras maneiras de simplificar os processos. Você fica mais confortável descobrindo soluções que funcionaram no passado. Mas, quando não há nenhuma história na qual se basear (como costuma ser o caso quando a tarefa não é convencional) ou quando há muita incerteza, você tende a se irritar. Isso pode fazer você querer pensar pequeno, em vez de corajosamente, e você pode ter a tendência de apoiar-se naqueles com estilo de visão. Nessas situações, você quer colaborar e dar amplo espaço para aqueles que você pode considerar malucos, e juntar-se com os estilos de exploração e visão para adotar as possibilidades que podem até assustá-lo um pouco por sua ousadia. Você precisa lembrar a si mesmo de atacar suas suposições, especialmente quando sua empresa está enfrentando rupturas no mercado.

Estilo de Exploração: Se este é seu estilo preferido, você provavelmente é muito intuitivo e ótimo em transformar a "sabedoria convencional". Como os visionários, ter ideias é fácil para você. Seu entusiasmo para lançar-se em novas direções é ilimitado. Mas você se irrita quando a estrutura para a qual o trabalho é organizado fica muito rígida ou quando sua equipe precisa retomar as noções básicas de planejamento e execução do projeto. Para fazer este estilo funcionar para você, é necessário honrar as pessoas de outros estilos e ajudá-las a libertar seus melhores esforços, caso contrário suas tendências naturais podem prejudicar seu desempenho geral.

Estilo de Experimentação: Se você gosta de fatos, modelos de trabalho e experimentação, provavelmente este é seu estilo de inovar. Sua vantagem que agrega valor é que, uma vez que um processo comum ou abordagem para a compreensão de uma situação é estabelecido, você pode solucionar praticamente qualquer problema. Sua contribuição para os grupos é sua avaliação sistemática completa de novas ideias e sua incrível capacidade de criar um consenso para soluções práticas. Mas, você pode ficar preso em testar e analisar em demasia, e ficar relutante em assumir riscos calculados. Você pode se tornar um especialista em todas as formas que não funcionam, porém demasiado burocrático e cauteloso. Para fazer este estilo funcionar para você, comece, conscientemente, a assumir mais riscos em sua vida.

Como Platão disse séculos atrás, "Conhece a ti mesmo". E conheça seu estilo preferido de inovação. Em seguida, use-o para seu benefício, em vez de permitir que seja um fator limitante.

7. *Expanda Seus Próprios Métodos para Acabar com Bloqueios*
Quando você estiver trabalhando em um problema enorme ou tentando pôr em prática uma oportunidade significativa, provavelmente terá algum bloqueio ao longo do caminho.

Um dos empresários mais criativos que conheço descreveu como é fácil ir de "estado de fluxo" para "desligado".

"O que eu faço é ficar mentalmente acima de mim mesmo e me observar criando — literalmente brotando ideias, como pipoca sobre o fogo. Observo-me reagindo e construindo no fluxo, e o amor que sinto por mim mesmo e pelo fluxo, e a forma como minha voz interior diz: 'Ok, isso está indo muito bem, estou sentindo o fluxo, a vida é ótima, bum, aqui está uma ideia para aquele problema de [marketing] e, bum, aqui está uma ideia para a reunião de segunda--feira de manhã e, sim, poderíamos fazer isso, faremos isso'. Então, de repente, eu me apavoro, tenho um bloqueio, não consigo pensar, perdi meu pensamento, onde eu estava, não posso... Oh, sim, a velha questão acabou de aparecer no radar, ou olhei para o meu telefone (que estava vibrando, mas, ainda assim) e não pude deixar de ver o pouco de más notícias que apareceu em uma mensagem de texto. Que pensamentos estou tendo que estão bloqueando minha criatividade? Com que pessoa eu interagi cujas palavras negativas chegaram repentinamente à superfície?"

"Você tem que descobrir o que carrega suas baterias, o que lhe dá energia, o solavanco, aquela faísca, a eletricidade da crença de que você pode, vai, etc., e você tem que descobrir o que está criando impulso ou bloqueio. Comece identificando como reage, porque, basicamente, você só tem que trabalhar consigo mesmo."

"Depois que aprendi o que eram essas coisas, comecei a evitá--las. Tento controlar qualquer coisa que drene minha energia ou me bloqueie."

Uma maneira de se recuperar é apenas parar, reconhecer que está bloqueado e mudar.

"Quando eu tenho um bloqueio", um engenheiro me disse, "saio, limpo a mente e, em seguida, consulto alguém sobre a ideia. Isso não é fácil na minha empresa, porque preciso encontrar alguém com dois atributos: (1) conhecimento técnico suficiente para entender o que estou falando e (2) uma mente aberta o suficiente para ouvir algo que não foi concluído."

A maioria das pessoas que consulto sobre essa questão relata que é melhor pensar quando estão "sozinhas e sem distrações". Elas preferem pensar sozinhas primeiro, e em seguida consideram dividir com um grupo maior uma boa maneira de expandir a ideia. Outros métodos incluem:

"Se eu preciso desbloquear, vou trabalhar em outra coisa e acabo obtendo uma resposta."

"Se estou bloqueado, exploro interesses relacionados (desenho e arquitetura). Converso com amigos criativos em outras áreas para saber no que estão trabalhando ou peço-lhes para responder ao meu desafio. Eu poderia ir a um museu."

"Se estou bloqueado, saio para uma caminhada ou falo em voz alta ou trabalho em meu quadro branco ou bloco de desenho para pensar 'no papel'. Se ainda assim continuo bloqueado, mudo para outra tarefa e permito que a primeira descanse em segundo plano."

"Se estou bloqueado, faço outra coisa, e retomo [o problema] quando as ideias anteriores não estão mais em minha mente."

"Converso com outros especialistas. Nossa empresa é muito boa em ter especialistas mais velhos que estão dispostos a falar com você e compartilhar muitos conselhos."

"Eu deixo de lado, dou um passeio, visito uma loja ou vou dormir. Costumo acordar no meio da noite com soluções completas. Sempre tenho papel e caneta ao lado da cama (e no carro)."

"Convoco uma sessão de grupo ou separo um tempo para ficar longe do trabalho e obter uma nova perspectiva."

"Simplifico o problema e me concentro em uma questão/aspecto menor para gerar ideias."

"Para acabar com o bloqueio, procuro meus colegas... revejo as ideias com eles. Também folheio livros ou procuro websites que descrevem diferentes processos que estão de acordo com o que estou tentando criar."

"Quando há um bloqueio, tento jogar o problema para os outros, pensando em voz alta. Isso sempre funcionou para mim quando eu desenvolvia software."

"Concentro-me em outra coisa por algum tempo (um ou dois dias), então obtenho uma resposta."

"Quando fico realmente bloqueado, vou embora — literalmente. Acho útil sair do local de trabalho em que estou, andar um pouco, abandonar a tarefa, deixá-la marinar, e em seguida retomá-la. Especialmente quando bloqueio e desbloqueio fazem parte do processamento — não me assusta como quando eu era mais jovem."

Há muitas maneiras diferentes para acabar com os bloqueios. Use uma que funcione para você.

8. Aproveite a Recreação ao Máximo

Durante oito gloriosos dias, vários verões atrás, 23 companheiros e eu fizemos rafting no Rio Colorado, através do Grand Canyon. A cada dia, nossos olhos se banqueteavam com algumas das mais belas paisagens da Terra — quando não estávamos temendo por nossas vidas ao atravessar corredeiras intermináveis, bater em grandes barragens de água gelada, arenosa e lamacenta do rio.

À noite, saboreávamos refeições deliciosas preparadas pelos nossos quatro guias profissionais. Bebendo vinhos deliciosos, conversávamos e ríamos sobre os acontecimentos do dia. Pensar em negócios começou a desaparecer do epicentro de meus pensamentos. A coisa mais incrível aconteceu quando eu percebi que poderia viver sem meu iPhone e que minha equipe poderia continuar sem mim. Voltei à civilização com um renovado senso de alegria no trabalho que faço e uma nova perspectiva sobre a importância da recreação — totalmente longe do trabalho.

Se você está conectado eletronicamente, também está conectado mental e psicologicamente. Você está trabalhando com os problemas; você está se preocupando com as decisões e relacionamentos e gerindo à distância. Os que ficaram no comando realmente não estão no comando. Fisicamente, você pode estar com sua família e amigos em um safari em Botswana, mas metabolicamente você está no escritório. Uma vez que sua mente reentra na esfera familiar de trabalho, a essência competitiva penetra seu corpo e você superlota o espaço dos sonhos que o lazer pode proporcionar.

Mesmo com todas as longas horas que os trabalhadores acumulam, não estão ansiosos para delegar, desconectar e desaparecer. Várias estratégias mostram uma tendência crescente de misturar as férias a uma extensão da rotina regular. Um em cada cinco executivos leva seus laptops nas férias, e oito em cada dez levam seus telefones celulares.

Aqui está o problema. A menos que você estabeleça diretrizes pessoais durante o tempo fora do escritório, você nunca realmente fará uma pausa para alterar a consciência e pensar sobre o que tudo isso significa. As férias são para isso. Portanto:

1. Se você precisa entrar em contato com seu escritório, faça-o apenas uma vez por dia. Peça a um assistente ou colega para fazer uma lista das coisas importantes a serem discutidas. Seja breve e desligue-se.
2. Faça uma lista dos livros que você quer ler nas férias. O livro certo pode transformar férias medíocres em ótimas.
3. Defina se suas férias devem ser ativas e aventureiras ou mais sedentárias e calmas, com base no tipo de programação que você tem tido nos últimos tempos. Se você já tem uma agenda tumultuada, permita-se ser preguiçoso, sem direção e espontâneo. Se você está a fim de uma aventura, recomendo rafting.
4. Comprometa-se a viver "no momento". Apenas você conhece seus pensamentos, então apenas você saberá se está pensando em negócios. Como acontece com a meditação, quando você perceber que está se concentrando no falatório em sua mente, não desista, você acabou de tomar as rédeas.
5. Abasteça seu espírito criativo com bastante exercício, uma massagem, música e uma aventura de férias, pelo menos de vez em quando.
6. Faça um diário de suas férias. Registre não apenas o que você vê e o que vivencia, mas como você se sente.

(continua)

> **7. Se você não pode ter uma saída prolongada este ano, tire miniférias periódicas. São melhores do que nada. Se você não se permitir desligar, não será capaz de recriar.**

9. Lembre-se de Tirar Seu "Dia de Doug"

Um dos participantes de meus seminários de Pensamento Inovador escreveu para me contar que havia alugado um conversível e dirigiu até o noroeste do Pacífico em um Dia de Doug prolongado. Caso você decida experimentar este método, veja o que ele fez. Ele não tinha nenhum eletrônico para cair na tentação de "ver como está o escritório". Ele não tinha uma programação. O tempo não era seu condutor. Conduzido pela intuição, ele estava lá para pensar. Ele convidou sua mente a entrar em sintonia com as ideias que pudessem surgir. Recuando, ele as capturou.

10. Elabore um Método para Fazer o Download de Suas Ideias

Se você pegar uma filmadora e acompanhar alguns dos principais inovadores do mundo, um hábito que perceberá que eles têm é escrever suas ideias quando elas ocorrem, capturando-as em detalhes suficientes para lembrar mais tarde. Percebi esse hábito pela primeira vez no início de 1980, em um estudo das práticas pessoais recomendadas de proeminentes inovadores americanos, o que se tornou o livro *Winning the Innovation Game* (sem edição em português). Obviamente, os métodos de download mudaram desde aquela época. Hoje você pode ligar para si mesmo e deixar uma mensagem de voz longa e cheia de ideias quentes. Pode registrá-las com um gravador digital ou smartphone. Ou você pode anotá-las em post-its em sua mesa ou mural.

O verdadeiro truque, a disciplina, se preferir, é adquirir o hábito de fazer o download de suas ideias onde e quando você as tiver. Se você não capturar uma ideia no momento em que ela aparece, é improvável que a execute mais tarde. A mente é um instrumento fantástico por gerar ideias, mas um dispositivo de armazenamento igualmente terrível para elas.

Quando você está "na ativa" e as ideias começam a brotar, tome uma atitude. O simples fato de capturar suas ideias em um lugar permanente libera sua mente para gerar ainda mais. E, como tem sido dito com frequência, para ter uma boa ideia, tenha muitas delas.

Inovadores famosos costumam manter cadernos de ideias ou diários para trabalhar com elas — para dissecá-las. Edison, da Vinci, Twain, van der Rohe e muitos outros consideravam seus cadernos ferramentas vitais. Eles os usavam como espaços para se soltar, rabiscar figuras ou palavras, ser infantil, agarrar fantasias e invenções primitivas.

Capture suas ideias antes que elas fujam.

COMO DOMINAR ESTA HABILIDADE-I

Como Jonas Salk, Twyla Tharp e inúmeros outros inovadores descobriram, criar as ideias que você precisa para impulsionar sua vida e construir sua carreira é o resultado de um hábito, uma prática pessoal recomendada. Ao olhar para seu cérebro como sua fábrica de ideias, você começa a entrar em sintonia com as maneiras de fortalecer essa máquina de produção, em vez de esperar passivamente que as ideias surjam ou esperar que alguém as tenha por você. Não terão.

Dominar a Habilidade-I de se tornar uma fábrica de ideias começa com a percepção de que apenas fazer seu trabalho não é suficiente. O que irá diferenciá-lo é a qualidade e a quantidade de suas ideias, direcionadas para agregar valor às equipes com as quais você colabora, o chefe ao qual você serve e o departamento em que você trabalha. As ideias são seu produto. Elas são sua passagem para a indispensabilidade. Portanto:

1. Reserve tempo para inspecionar sua fábrica de ideias antes de passar para o próximo capítulo. Faça isso agora e periodicamente nos próximos meses e anos. Não olhe apenas para as ideias que você está gerando, mas também para o que está acontecendo com elas. Se você ficou bloqueado pela minúcia da execução tática, mude conscientemente para o modo inovador. Releia sua estratégia de inovação pessoal e convença-se a ter ideias que o impulsionem.

2. Torne-se consciente sobre quando um problema com o qual você tem que lidar, uma decisão que deve tomar ou uma oportunidade que deseja maximizar se beneficiaria com uma unitarefa.

3. Conheça a si mesmo em termos de hora do dia e locais específicos que costumam produzir uma enxurrada de ideias.

4. Planeje tirar um Dia de Doug. Marque no calendário e leve a sério. Você descobrirá que isso o rejuvenesce para o trabalho que realiza e os projetos em que contribui.

Torne-se uma Fábrica de Ideias

Se você fez uma pausa longa o suficiente para considerar as sugestões deste capítulo, terá uma boa noção de como sua fábrica de ideias tem funcionado e terá novas ferramentas para ajudá-lo a determinar onde você quer fazer as mudanças avançarem. E você também estará pronto para enfrentar com gosto a próxima habilidade de inovação — tornar-se um colaborador de alta demanda!

Habilidade-I nº 6

Torne-se um Colaborador de Destaque

Estimule Equipes e Departamentos para Realizar Novas Iniciativas

"Nunca se esqueça de que um pequeno grupo de cidadãos comprometidos pode mudar o mundo", disse Margaret Mead, renomada antropóloga. "Na verdade, é a única coisa que o faz."

Uma mulher que mudou o mundo, ou pelo menos o destino de sua empresa, foi Nancy Snyder, da Whirlpool, que conhecemos no capítulo sobre a Habilidade-I nº2. Na época, o fabricante de utensílios domésticos, sediado em Michigan, enfrentou as forças de uma grande ruptura. Não uma tempestade rápida, era mais um lento desfecho de seu modelo de negócios. Seus principais produtos — máquinas de lavar louça, lavadoras e secadoras — estavam se tornando uma mercadoria e os preços estavam caindo a uma taxa de

A Inovação Diz Respeito a Todos

3,4% ao ano. O preço de suas ações estava parado. O crescimento havia estacionado. Os clientes da Whirlpool não eram leais à marca e a empresa estava entrando em uma recessão.

O diretor executivo (CEO), Dave Whitwam, estava ciente desses problemas e teve uma epifania repentina enquanto visitava uma loja de eletrodomésticos. "Tenho uma visão muito boa", lembrou. "Mas enquanto eu olhava para uma fileira de lavadoras, nem mesmo eu consegui diferenciar a nossa daquelas da concorrência." Whitwam sabia que sua empresa teria que se transformar e acreditava que era necessária uma abordagem fundamentalmente nova para inovação.

Logo depois, Whitwam contratou um desconhecido especialista em desenvolvimento organizacional para ajudá-lo a transformar radicalmente a Whirlpool Corporation. Sua meta para a empresa: incorporar a inovação em cada trabalho. O novo lema passou a ser: "Inovação de todos e em toda parte". Criar uma gama de excitantes novos produtos que os clientes perceberiam, se tornou responsabilidade de todos.

Nos anos seguintes, o programa de inovação da Whirlpool tornou-se um modelo de referência para muitas outras empresas. Snyder foi entrevistada na *Business Week* e outras publicações e escreveu dois livros que documentaram a jornada da Whirlpool. Hoje ela ministra um curso sobre inovação na Universidade de Notre Dame.

Quando perguntei a Nancy qual ela considera a Habilidade-I mais essencial de todas, ela não hesitou. "Descobrir como trabalhar em equipe", disse ela. "Se você não for um bom membro de equipe, não pode inovar. Na Whirlpool, é preciso centenas de pessoas trabalhando em equipe para levar uma inovação ao mercado. Se você achar que ficará solitário ou será uma estrela, simplesmente não dará certo."

Nancy fala de uma longa experiência. Mesmo se você for um gênio em sua área de especialização, nunca alcançará seu potencial se suas habilidades de colaboração estiverem ausentes, e você nunca será indispensável. Sua empresa pode precisar mantê-lo por perto, porque ninguém mais pode fazer o que você faz. Mas não pense que o "monopólio de especialização" irá durar. Mais cedo ou mais tarde, sua empresa encontrará maneiras de impulsionar esse monopólio — e você pode precisar sair à procura de um emprego.

Colaborar é "trabalhar em conjunto, especialmente em um esforço intelectual". Embora as hierarquias permaneçam na maioria das organizações do século XXI, é por meio de equipes colaborativas que grandes projetos realmente são concluídos. E é onde a Habilidade-I de se tornar um colaborador de destaque vem a calhar.

O MODO WRIGHT DE COLABORAR

Will Wright é desenvolvedor do The Sims, Spore e outros dos mais vendidos jogos de computador. Perguntaram para Wright o que é necessário para fabricar produtos tão incomuns. Sua resposta: talento e habilidade para trabalhar em equipe.

"Você pode ter uma grande pessoa que não trabalha bem em equipe, e é uma grande perda", disse Wright a Adam Bryant, colunista do *New York Times*. "Você pode ter alguém que não é tão brilhante, mas é uma cola muito boa, de modo que pode ser um ganho."

Wright separa as pessoas em dois grupos básicos: cola e solventes. "Os membros da equipe que considero cola disseminam as coisas de forma eficaz, motivam e melhoram o ânimo. Eles, basicamente, unem a equipe cada vez mais. Os solventes, por outro lado, drenam mais energia. É sua natureza pessoal ser desagradável. Eles incitam as pessoas da maneira errada. Estão sempre envolvidos em conflitos."

"Ocasionalmente, escolho alguém que é uma prima-dona, que é incrivelmente bom, mas não ótimo na equipe, e assim, em alguns aspectos, você pode encontrar uma função em que esse alguém fica meio que isolado e em quarentena, podendo sair e realizar seu ótimo trabalho sem ter que interagir muito com o restante da equipe. Essas pessoas são poucas e distantes entre si."

"Como você capta isso em uma entrevista?", perguntaram para Wright.

"Essa parte é muito difícil de perceber em uma entrevista", disse Wright. "Várias vezes você pode sutilmente refutar o tipo de coisas que estão dizendo e descobrir se são pessoas argumentativas ou tendem a levar a conversa em uma direção construtiva. A autoimagem deles, em relação ao que outras pessoas têm dito, é muito interessante para mim. Quando você liga para suas referências, se houver uma grande discrepância entre sua autoimagem e o que outras pessoas estão dizendo, isso normalmente indica algum tipo subjacente de questão social que você enfrentará mais adiante. Por outro lado, se eles estão se subestimando e você conversar com todos com quem eles trabalharam e descobrir que são superestrelas, então, geralmente, isso indica que [serão] um benefício adicional na equipe."

Como Will Wright descobriu, talento nato não é suficiente. Pode ser uma grande perda se sua capacidade de trabalhar com outras pessoas não é desenvolvida.

A RECOMPENSA DA COLABORAÇÃO: OS TRÊS Rs

Quando você contribui com êxito para equipes e grupos de trabalho, será recompensado de três maneiras. Eu as chamo de os três Rs:

Resultado: Você faz parte de uma missão cumprida, "episódio de sucesso". Você tem uma história para contar e um histórico para apoiá-lo.

Reputação: Sua estatura na organização aumenta. Seu chefe está feliz e seus colegas apoiam você, elogiam sua contribuição e o convidam a se juntar a eles em projetos futuros.

Resíduos: Este último R trata-se de sua satisfação após a conclusão do projeto. A recompensa final por participar de uma colaboração bem-sucedida é que você começa a ver seu "produto" sendo utilizado pelos clientes, tanto internos como externos. Você sabe que fez a diferença, resolveu um problema ou criou uma oportunidade para a organização, sua equipe ou departamento. Acima de tudo, você sabe que é um colaborador de destaque.

12 MANEIRAS DE SE TORNAR UM COLABORADOR DE DESTAQUE

Se você quer construir suas habilidades de colaboração para ser mais parecido como Nancy Snyder ou Will Wright, você pode. É uma questão de ser mais consciente de como você está aparecendo e dominar 12 técnicas importantes. São elas:

A Inovação Diz Respeito a Todos

---

1. **Procurar ser convidado a participar de equipes de projetos especiais.**
2. **Identificar a aparência de um bom colaborador.**
3. **Saber o que é colaboração ruim.**
4. **Libertar seu colaborador interno.**
5. **Tornar-se um energizador, e não um dreno de energia.**
6. **Liderar de forma colaborativa.**
7. **Descobrir o tamanho certo para sua equipe.**
8. **Pensar sobre a composição da equipe.**
9. **Convidar as pessoas para se juntarem a você.**
10. **Recrutar pessoas que têm um histórico de resultados.**
11. **Lançar sua equipe de projeto da maneira certa.**
12. **Estabelecer um processo de grupo.**

I. Procurar Ser Convidado a Participar de Equipes de Projetos Especiais

Nem todos aspiram a ser um campeão de colaboração. Mas não conclua, prematuramente, que você não tem o que é preciso ou que você não pode dominar essa forma de arte singular. Com experiência, você pode. E participar com sucesso em equipes colaborativas é o caminho mais rápido para se tornar um associado sob demanda em sua empresa.

O primeiro objetivo é ser convidado para participar de equipes de projetos especiais. O segundo é participar de cada equipe para a qual você é convidado, superando as expectativas.

Como você pode manobrar a si mesmo e sua carreira na direção de projetos de alta visibilidade, dado que a maioria será um acréscimo à sua carga de trabalho regular? Uma maneira de começar é ser indicado para as equipes que fazem coisas fora dos limites de seu departamento. Ao servi-las, você tem a oportunidade de desenvolver habilidades, ir além de seus limites prévios e interagir com algumas das pessoas mais inteligentes de sua empresa.

Como você fica sabendo sobre tais projetos? Construindo sua rede interna de contatos, ficando atento e exibindo uma mentalidade da oportunidade.

2. Identificar a Aparência de um Bom Colaborador

Adoro observar grandes equipes de colaboração no trabalho. Algumas pessoas gostam de observar grandes artistas no palco, artesãos habilidosos, músicos e ídolos do esporte. Gosto de observar equipes eficazes se unindo, crescendo como um grupo, fazendo progresso, trabalhando através de problemas e contratempos e, por fim, fazendo coisas novas.

Eles fazem parecer fácil. Inspiram riso e se divertem. Há um espírito de aventura.

Quando você observa de perto colaboradores eficazes no trabalho, encontra alguém, em um papel de liderança, que compreende a motivação e a necessidade de manter todos focados no objetivo. Colaborar em um projeto é uma jornada. Como todas as jornadas, haverá adversidades, altos e baixos, dias bons e dias ruins.

Colaboração eficaz é o resultado de ter um objetivo claramente definido. Se o objetivo é um trecho, se requer descobrir algo que nunca foi feito antes, a jornada pode ser divertida.

A colaboração eficaz requer compartilhar informação e dar e receber constantemente. Exige dar e receber feedback de forma construtiva e sem restrições. Significa auxiliar outra pessoa na equipe quando ela está vacilando.

Boa colaboração é resultado de confiança.

3. Saber o que É Colaboração Ruim

A colaboração ruim transmite uma sensação distinta. Você teme associar-se ao grupo. Você fica ansioso, em vez de animado. Você evita seus colegas; sente um frio na espinha. Colaboração ruim ocorre quando há falta de confiança, falta de liderança e falta de metas claramente definidas. As pessoas acumulam informações, usando-as como uma ferramenta de persuasão para ganhar poder e controle. Tentam parecer boas e fazer os outros parecerem incompetentes. Elas desacreditam e culpam. Jogam e fazem pose.

Uma tarefa para auxiliar uma agência governamental em Washington vem à mente. (Mudei radicalmente os detalhes deste exemplo para proteger meu cliente, embora seja uma agência governamental.) Quando meu colega e eu, no The Innovation Resource Consulting Group, entramos em cena, a equipe já vinha apresentando falhas há mais de um ano, na tentativa de desenvolver um programa de gestão de ideias para os 200 mil funcionários da agência. Os três líderes dessa iniciativa mal se falavam, sua comunicação era mínima.

Reuniões eram uma competição para ver quem poderia proferir frases mais cheias de jargões. Revelar certos fatos com um tom de "Bem, se você estivesse no circuito, saberia disso..." era uma forma de sutilmente marcar pontos. O status individual foi transferido para aqueles ao redor da mesa por meio de posição e poder, e a hierarquia ofuscou e intimidou o trabalho em equipe.

A equipe principal era uma afiliação solta de especialistas sem liderança, nenhum dos quais parecia saber o básico sobre inovação ou tinha exibido qualquer curiosidade sobre o assunto. Essa falta de conhecimento não os dissuadiu nem um pouco.

A coisa mais chocante sobre o projeto foi a falta de objetivos claramente definidos. Metas vagas foram citadas ao longo do tempo. Mas era óbvio que o cumprimento dos prazos e ser responsabilizado não eram grandes preocupações. A equipe era três ou quatro vezes maior do que aquela que uma empresa privada teria atribuído para a tarefa, e a participação da equipe do projeto estava mal definida.

Duvido que a questão do status de participação chegou a passar pela cabeça de alguém. Duvido que a maioria das pessoas que pareciam ser os principais integrantes realmente acreditavam que eram membros oficiais da equipe. Em vez disso, pessoas-chave pareciam ser apenas colaboradores em série com um pouco mais de responsabilidade, mas uma notável falta de urgência ou responsabilidade. Tudo avançava com dificuldade, e esse era apenas um entre qualquer número de projetos e equipes e reuniões intermináveis de que eles participavam durante o curso de seu trabalho.

A única vez em que vi essa banda itinerante de colaboradores ruins levar um prazo a sério foi quando tiveram uma data para discutir seu projeto com o secretário, um membro do gabinete do presidente Bush e seu chefe supremo. Preparar-se para o *briefing* consumiu vários meses. O dia de briefing, em si, lembrava como deveria ter sido uma audiência com um rei europeu do século XVIII.

A Inovação Diz Respeito a Todos

Cada um dos 30 ou mais funcionários (vários dos quais me disseram que, em suas longas carreiras na agência, nunca viram um secretário) vestiam suas roupas mais finas. Pouco antes de entrarmos na sala de reuniões com painéis madeira e mal iluminada, fomos instruídos a não mascar chiclete ou carregar uma garrafa de água. Deveríamos ficar de pé até o secretário chegar e sentar. Conforme eu olhava ao redor da sala, para esses burocratas sérios, dois pensamentos passaram pela minha cabeça: "Esse cara não faz a menor ideia do que realmente está acontecendo com esta equipe de projeto" e "Tem que haver uma maneira melhor".

"Os slides dessa apresentação foram examinados minuciosamente por dezenas de pessoas", anunciou um dos apresentadores, quando partiu para seus comentários. Foi um eufemismo.

Após o *briefing* ser considerado um sucesso injustificado, ficou decidido que um evento externo envolvendo todos do campo que quisessem acelerar o progresso seria a melhor maneira de ter o processo de inovação projetado e em andamento. Meu colega e eu recebemos a tarefa de ajudar a organizar o evento externo, que deveria acontecer longe da sede em Washington.

Nas semanas que se seguiram, fomos atacados por um enxame de e-mails. Todos deram suas opiniões, ninguém no comando, ainda assim, toda e qualquer pessoa aparentemente exibia o poder de veto conforme se buscava consenso. Os participantes mais rabugentos e ríspidos pareciam exercer poder sobre as decisões. Entre as decisões que pareciam pesar mais estavam (1) Podemos realizar um jantar de abertura para que todos fiquem alinhados? e (2) Em caso afirmativo, poderíamos servir bebida alcoólica?

Colaboração ruim é o resultado de metas mal definidas.

4. Libertar Seu Colaborador Interno

Todos os colaboradores de destaque compartilham atitudes específicas:

- *Exibir comportamento altruísta.* "Se as pessoas perceberem que você tem uma finalidade pessoal, esqueça-se do progresso", disse um funcionário que entrevistamos. "Você sempre tem que ser cuidadoso sobre como suas ações serão vistas. Você sempre tem que expressar coisas como: 'Aqui está o que poderia ser de seu interesse e da empresa'. Se eu tivesse uma técnica secreta, acho que seria: 'Como encorajo outros a adotar essa ideia ou propor as suas?'."

- *Inspirar confiança.* Ser percebido como alguém que pode ser confiável é ser capaz de inspirar confiança nos outros. "Confiança é a lubrificação que possibilita o trabalho das organizações", observa Warren Bennis. No Capítulo 3, pedi para você tentar determinar o nível de confiança dentro de sua organização, departamento funcional ou grupo de trabalho. A questão da confiança surge assim que a equipe é formada. Você olha em volta e se pergunta: "Em quem posso e não posso confiar?". Na maioria das vezes, sinto muito em dizer, você acaba com uma estimativa que grita dentro de você: "Aja com cautela. Vá devagar. Observe os sinais de *self-dealing*." Você inspira confiança quando é digno de confiança, quando faz o que diz que vai fazer, quando promete. Quando você faz isso, constrói um histórico. Confiança, como porcelana ou cristal, quebra facilmente.

- *Concentre-se no serviço.* Não significa apenas serviço ao cliente, mas o serviço aos outros e à equipe ou grupo de trabalho. Você ajuda a extrair o melhor dos outros. Você ajuda quando, por exemplo, observa alguém na equipe com dificuldade ou que não participa plenamente. Quando você está em um estado de espírito de serviço, você submerge seu ego. Com frequência, são as pequenas coisas que revelam essa abordagem.

Seu colaborador interno é o melhor colaborador que você pode ser.

5. Tornar-se um Energizador, e Não um Dreno de Energia

Em *The Hidden Power of Social Networks* (sem edição em português), Rob Cross e Andrew Parker descrevem seus esforços para definir as características de funcionários de alto desempenho. Eles descobrem que os melhores solucionadores de problemas seriam aqueles mais eficazes em encontrar a informação certa. Mas, eles também testaram outra teoria.

Eles examinaram a "rede de energia" de uma organização e descobriram uma qualidade bastante inesperada nas pessoas de alto desempenho; elas eram capazes de convencer e entusiasmar os outros sobre suas ideias. Esses "energizadores" não só tinham melhores desempenhos, mas também aumentavam o desempenho de outros que trabalhavam perto deles.

"Ideias boas ou, ao menos, viáveis são abundantes em organizações", Cruz e Parker escreveram, "mas ter uma epifania não é grande coisa, a menos que você possa motivar os outros a acreditar nela e colocá-la em prática. Energizadores são melhores em fazer os outros colocarem suas ideias em prática dentro das organizações."

Não energizadores, de acordo com esses pesquisadores, costumam ser incapazes de encontrar formas de valorizar as perspectivas de outras pessoas e persistem em abordagens ineficazes, em vez de tentar novas maneiras de envolver o grupo. Energizadores, por outro lado, criam oportunidades para as pessoas participarem de conversas ou sessões de resolução de problemas de forma que se sintam ouvidas. "Eles não são cegados por seus próprios pensamentos, perspectivas ou pontos de vista", Cruz e Parker escreveram.

Além disso, energizadores têm a vantagem de atrair outros funcionários de alto desempenho. "A reputação espalha-se rapidamente", concluem Cruz e Parker, "e as pessoas se posicionam para trabalhar para aqueles que estão envolvidos."

Quando você tem um bom desempenho, inspira outros a fazerem o mesmo.

6. Liderar de Forma Colaborativa

As demandas de seu "trabalho", muitas vezes, podem fazer com que você negligencie demandas de construção de equipe, que são constantes. Se você é o líder da equipe, conte com os detalhes de coordenação e orientação e intermináveis e-mails ("uma pergunta rápida..."), que tomam mais tempo do que você pensava. Reserve tempo, em intervalos regulares, para avaliar a missão e o cronograma de sua equipe e pensar longamente sobre como estão o desempenho e o progresso de cada pessoa. A equipe está em uma jornada, e o ambiente que está sendo atravessado muda constantemente. Você, como líder, agrega valor indispensável quando dá um passo para trás e considera estas questões de visão geral. Procure transmitir o desejo de, e o compromisso com o, espírito de equipe de uma família muito unida.

Se você tiver a sorte de ser convidado para liderar uma equipe colaborativa, será um grande avanço. Minha sugestão é pegar sua caneta e papel, afastar-se do escritório e bolar algumas estratégias e planejamento. Preparação é vital para o sucesso da equipe, e isso significa pensar em quem deve ser escolhido para fazer parte dela, qual deve ser o tamanho certo da equipe, qual é o tamanho certo da cultura do grupo e como você, como líder, pode maximizar a probabilidade de sucesso.

O espírito de equipe é como estar em uma família muito unida.

7. Descubra o Tamanho Certo para Sua Equipe

Um colaborador veterano coloca a questão do tamanho da equipe desta forma. "Sou um introvertido", ele me disse. "Quando o grupo tem mais de cinco pessoas, começo a me isolar, afastar, não ouvir. Mas, abaixo desse número, fico bem, fico envolvido, está tudo bem."

Descobrir o tamanho certo para uma equipe que você está formando, definitivamente vale a pena. Quanto maior a equipe, mais trabalho de coordenação é necessário. Ouvi que a quantidade de comunicação necessária para coordenar uma equipe vencedora aumenta exponencialmente com seu tamanho. Uma equipe de oito pessoas exige 87% mais comunicação que uma equipe de seis pessoas. Isso significa que, além de determinado tamanho (normalmente de cinco a sete), cada membro acrescentado pode aumentar o tempo de coordenação quase tanto quanto seu tempo produtivo. É por isso que uma equipe de 12 ou 14 pode acabar sendo menos produtiva que uma equipe de 5 ou 6. Lembre-se também de que em uma equipe colaborativa típica, cada membro tem acesso direto a todos os outros, incluindo o líder.

Talvez a razão mais importante para manter as equipes em algum lugar no ponto estratégico de cinco a sete seja que, com equipes maiores, você perde a responsabilidade e a produtividade. "Quando você alcança oito ou nove pessoas [em uma equipe]", observa Katherine J. Klein, professora de administração da Wharton School, "é complicado e você terá uma equipe que se divide em subequipes... [Conforme] a equipe fica maior, há uma tendência para ociosidade social, onde alguém começa a deslizar, para se esconder."

Quando se tratam de equipes, mais nem sempre é melhor.

8. Pensar sobre a Composição da Equipe

Tornar-se um colaborador de destaque envolve ser capaz de fundir diversas personalidades, estilos de inovação, experiências, níveis de educação e origens culturais em equipes altamente funcionais, motivadas e unidas. Há duas teorias sobre a questão da diversidade da equipe.

Uma é que as pessoas têm melhor desempenho quando trabalham com outras de quem gostam, e tendemos a gostar de pessoas que são como nós. Isso sugeriria que tipos visionários funcionam melhor com tipos visionários, e modificadores ficariam melhor com modificadores.

Outra escola de pensamento diz: "Ei, nós estamos tentando inovar aqui! Se todos nós pensarmos da mesma forma, apenas um de nós é necessário."

Então, combinar diversos pontos de vista e estilos de pensamento e unir os antigos "Já vi de tudo" com os jovens "Por que fazemos desta maneira" são estratégias eficazes. Diferentes idades, gêneros, origens culturais e estilos de inovação podem formar uma mistura mais forte. A desvantagem é que a diversidade pode resultar em conflito e integração social ruim com uma liderança fraca.

Em sua pesquisa, Klein e Beng-Chong Lim, um professor na Nanyang Business School, Nanyang Technological University, em Cingapura, descreveram como "modelos mentais de equipe" — definidos como a compreensão compartilhada, organizada de um grupo e a representação mental de conhecimento sobre elementos-chave do ambiente relevante da equipe — podem aumentar a coordenação e a eficácia na execução de tarefas que são complexas, imprevisíveis, urgentes e/ou novas. Os membros da equipe que compartilham modelos mentais semelhantes podem, sugerem esses autores, "antecipar as respostas uns dos outros e coordenar de forma eficaz quando o tempo é essencial e as oportunidades para a comunicação e o debate aberto são limitadas".

Minha conclusão é: recrute personalidades diversas ou semelhantes com base na natureza do desafio. Se você quer ser pioneiro, precisa de pessoas com visão, porque elas são a fonte de ideias poderosas. E se a equipe está encarregada de implementar a visão, você precisa de implementadores.

Mas a maior regra prática é recusar-se a lotar sua equipe com manipuladores, neuróticos, aqueles que são facilmente agitados, egoístas, narcisistas, difamadores, fofoqueiros, preguiçosos, idiotas e/ou mal-humorados. Evite-os como se fossem a peste. Se você tem que sair de sua equipe para obter ideias, faça-o. Se você subestima o valor da longevidade deles porque se recusa a convidar aquele veterano "Posso lhe dar 10 motivos pelos quais essa ideia não vai funcionar" que está prestes a se aposentar, que assim seja. Basta solicitar feedback de pessoas que não compartilham essa crença para perceber que estão por aí, esperando a chance de atirar um balde de água fria em seu plano.

A equipe com a mistura certa produz o resultado certo.

9. Convidar as Pessoas para se Juntarem a Você

Já notou como um convite por escrito para uma festa ou evento social chama sua atenção? Coloca você em clima de expectativa. Você certamente anotará em seu calendário e comparecerá, pronto para se divertir. É por isso que a maneira como você convida as pessoas para se juntarem a sua equipe é tão importante. Você estabelece uma vibração. Você bajula as pessoas e as conquista quando lhes diz por que você acha que seriam boas e o que podem ganhar com isso.

Tente feito louco evitar que outras pessoas indiquem membros para sua equipe. Diga a elas que, como você é responsável pelos resultados, prefere ser o recrutador. Isso pode causar certa desaprovação, mas imediatamente mostra que você está pensando e que está direcionado para os resultados com os olhos bem abertos. Sem improdutividade. Não, "Melhor convidarmos [fulano de tal] por causa [desta ou daquela desculpa inadequada e esfarrapada]". Gentilmente, porém com firmeza, explique suas razões para ser "quem decide" e permaneça firme em suas convicções. No futuro, você ficará feliz por ter feito isso.

Você está no comando, portanto, comande, desde o início.

10. Recrutar Pessoas que Têm um Histórico de Resultados

E não se esqueça de recrutar pessoas que têm um bom histórico. Sua equipe pode fazer um ótimo trabalho, mas se suas ideias não são aceitas no "andar de cima" por causa da "política", tudo terá sido em vão. Você pode querer ser pioneiro, para explorar novos caminhos — em outras palavras, sua equipe quer penetrar um novo mercado, fazer *x* ou *y*. Certifique-se de atrair pessoas bem colocadas para sua equipe.

11. Lançar Sua Equipe de Projeto da Maneira Certa

Uma vez fui convidado para fazer parte do conselho de administração de uma universidade de aprendizado à distância. O presidente que me convidou havia lido meus livros e me convidou para almoçar no clube da universidade. Ele não podia ter sido mais agradável.

Certa vez, fui convidado a participar do conselho de uma escola particular que minha filha frequentava, e ainda lembro da primeira reunião. Não foi acolhedora, ninguém se aproximou para me cumprimentar, o presidente do conselho quase não me deu atenção. Com esse início frio, descobri que eu receava servir àquele conselho. Ansiava pelas reuniões tanto quanto ansiava ir ao dentista.

O contraste importante que aprendi ao servir nessas duas equipes foi que estabelecer uma boa química inicial significa tudo. Boa química não é algo que simplesmente acontece; é o resultado da liderança ponderada e do comportamento altruísta. Os membros da equipe julgarão uns aos outros. Se você sintonizar-se com essas questões de respeitar os outros, ser educado e exibir boas maneiras, você se diferenciará imediatamente e estabelecerá um clima de coleguismo, que elevará o nível de todo o trabalho de sua equipe. As pessoas irão querer participar de suas reuniões. Retornarão suas ligações. Verão você como um bem indispensável.

Trate os membros da equipe da maneira que gostaria de ser tratado.

12. Estabelecer um Processo de Grupo

A falta de processo de grupo é outro assassino da colaboração. É muito difícil para um grupo de pessoas entrar em uma sala, sem qualquer processo de equipe, e tentar inovar. Mesmo a veterana colaboradora Nancy Snyder não era páreo para a "falta de processo de grupo" quando foi convidada a fazer parte de uma equipe pontual fora da Whirlpool.

"Mesmo depois de toda a experiência que tive com a Whirlpool", lembra Snyder, "fui convidada a participar da resolução de um problema muito grande que o governo estava enfrentando. Eles trouxeram um grupo de pessoas de várias partes do mundo para ajudá-los no *brainstorm*. Gastaram muito dinheiro para que nós os ajudássemos. Colocaram-nos em uma sala com vários equipamentos eletrônicos e disseram: 'Ok, pensem bastante'. Bem, nós não nos conhecíamos. Não tínhamos um processo de grupo e simplesmente não fomos bem-sucedidos. Portanto, acredito que parte disso é: se sua empresa não tem um processo de grupo, crie um. Isso o ajudará a avançar."

Um grupo sem processo não pode inovar. Um grupo com um processo, combinado com espírito e competência, pode mudar o mundo. Basta perguntar a Margaret Mead.

COMO DOMINAR ESTA HABILIDADE-I

Para tornar-se um colaborador de destaque você deve sempre ser capaz de perceber a visão geral. Você precisa guiar-se tendo em vista reputação, resultados e resíduos.

Quando você trabalha intensamente com outras pessoas em pequenas equipes colaborativas, elas passam a conhecer você — sua personalidade, seu caráter, seus pontos fortes e suas fraquezas. Quando você concluiu uma tarefa colaborativa ou projeto importante e é mais respeitado por causa disso, sabe que está no caminho certo para dominar esta habilidade importante. Se você é cada vez mais convidado a fazer parte de outras equipes e é cada vez mais elogiado como uma pessoa divertida de se ter por perto, sabe que está no caminho em busca de domínio de si mesmo, o que sempre precede o domínio desta Habilidade-I.

E agora você está pronto para enfrentar a última Habilidade-I essencial: a capacidade de persuadir os outros a comprarem suas ideias.

Habilidade-I nº 7

Construa a Aceitação de Novas Ideias

Técnicas e Ferramentas para Vender Suas Inovações para Colegas de Trabalho, Chefe e Cliente Final

Estou de pé em cima da ponte da Baía de Sydney, na Austrália, apreciando a cena mais espetacular que se possa imaginar. Venta muito aqui, e você pode ver milhas de distância por todos os lados. À minha direita, a mundialmente famosa Ópera de Sydney acena para os navios que entram no Darling Harbour, e veleiros e balsas deslizam pelas águas da cor do céu. Atrás de mim estão os arranha-céus de aço e vidro do centro de Sydney. Cem metros abaixo, os carros parecem brinquedos para crianças, conforme viajam para a frente e para trás na estrada, e um trem de passageiros move-se com dificuldade.

A Inovação Diz Respeito a Todos

Não pense que o que estou fazendo é arriscado. Estou com um pequeno grupo de turistas do mundo todo, e estamos amarrados pela cintura com cabos de segurança presos a uma viga principal. Para chegar aqui, você deve esvaziar os bolsos em um armário, vestir um macacão de nylon especial e um chapéu, passar por um detector de metal, fazer um teste de bafômetro, ser revistado e participar de um *briefing*. Este é um negócio próspero, e dois milhões de pessoas estiveram aqui em cima antes de mim. Nosso guia, um jovem gracioso de Melbourne, nos conta como surgiu essa concessão.

Um empresário chamado Paul Cave, procurando algo memorável para um Congresso Mundial da Young Presidents Organization, obteve permissão especial para organizar uma escalada em grupo. Todo mundo se divertiu tanto que Cave teve uma ideia: ele decidiu que mais pessoas mereciam vivenciar o monumento de tirar o fôlego e as vistas espetaculares do alto da ponte da Baía de Sydney.

Demorou esgotantes nove anos para superar as objeções burocráticas e as barreiras políticas antes que a visão de Cave se transformasse no BridgeClimb. E se um turista escorregasse? Por isso, o sistema de cabos de segurança. E se alguém deixasse cair suas chaves nos carros lá em baixo? Por isso os bolsos vazios e o macacão. E se alguém estiver embriagado? Daí o bafômetro.

Vender novas ideias, como a história de Cave demonstra habilmente, sempre se tratou de transpor obstáculos, superar objeções e assumir compromisso, só para variar. Todos concordam, em princípio, que as organizações precisam inovar. Todos concordam que precisam ser mais ágeis para competir no mundo hipercompetitivo de hoje. Mas, no caminho entre esse acordo geral e sua nova ideia específica ser adotada, haverá quebra-molas em abundância e mais do que alguns buracos para desacelerá-lo ou bloquear seu progresso.

Inovar com êxito na era da ruptura requer que você domine um conjunto multifacetado de técnicas de persuasão, que chamo de construção de aceitação, e essa é nossa última Habilidade-I.

O QUE É PRECISO PARA CONSTRUIR A ACEITAÇÃO

Neste capítulo, nos concentraremos principalmente na construção da aceitação das ideias e novas iniciativas que terão um grande impacto — ideias que melhoram os processos, reduzem custos e produzem novos produtos e serviços que aumentam a receita. Mas não se engane: a Habilidade-I que você está desenvolvendo também vem a calhar nas situações mais banais do cotidiano. Por exemplo, digamos que, como resultado de ler sobre a importância de se ter um Dia de Doug, você decide que é exatamente o que precisa fazer. É provável que precise de aprovação para tirar um dia da semana e não aparecer para trabalhar. Infelizmente, talvez você tenha que construir a aceitação com seu chefe e com sua equipe para executar essa ideia. Então, conforme você considera as ideias neste capítulo, tenha em mente que pode usar essa habilidade não apenas para as grandes ideias, mas também para as pequenas.

Lembra-se de Jonathan A., o contador iniciante que conhecemos no Capítulo 2? Ele não precisa construir a aceitação para coletar ideias para acelerar o modo como completa seu trabalho. As únicas objeções que ele precisa superar são pressupostos pessoais: estou muito ocupado ficando para trás para buscar novos métodos. Eles não querem que eu encontre novas maneiras de executar meu trabalho em menos tempo e sem ter que "comer horas".

Sue Kinnick, a enfermeira do VA Hospital, teve que convencer seus colegas e companheiros de equipe no hospital em Topeka, Kansas, onde ela trabalhava. E, juntos, ela e sua equipe construíram e apresentaram fortes argumentos para a gestão sênior e, mais tarde, para o sistema inteiro do VA Hospital para que adotassem e começassem a inserir código de barras nos medicamentos. E por aí vai.

Para ideias maiores, você e sua equipe precisam da aceitação dos fornecedores, parceiros de aliança, distribuidores, parceiros de canal e outras variadas partes interessadas que exercem o poder de impulsionar ou matar a ideia. E, claro, o teste final é se você também pode construir a aceitação com clientes pagantes. Isso significa obter aceitação do produto, serviço ou solução no mercado. Significa ser aprovado por quem toma as decisões. Diretores de compras compram. Clientes compram. Em última análise, uma inovação não é realmente uma inovação até que produza o crescimento das receitas bruta e líquida.

Internamente, em uma organização, isso requer que você seja bem-sucedido em fazer com que a ideia seja aprovada, financiada, implementada, aceita e tenha funcionários. Sua equipe precisa de aceitação das pessoas que tomam as decisões na organização. Ela precisa de apoio contínuo de gerentes seniores na organização para apoiar a ideia ao longo do tempo.

8 MANEIRAS DE CONSTRUIR A ACEITAÇÃO DE NOVAS IDEIAS

Você está pronto para dominar esta última Habilidade-I necessária para a inovação bem-sucedida? Em caso positivo, aqui estão oito métodos poderosos para se construir a aceitação de suas ideias.

Construa a Aceitação de Novas Ideias

---

1. Faça seu dever de casa.
2. Deixe os outros pensarem que a ideia foi deles.
3. Personalize seu estilo de comunicação.
4. Torne seguro para os compradores dizerem sim.
5. Concentre-se nos benefícios e em superar a resistência.
6. Use o poder das histórias.
7. Cruze fronteiras para construir apoio para sua ideia.
8. Seja persistente.

I. Faça Seu Dever de Casa

A nova ideia agrega valor? É factível? Quando você fizer sua lição de casa e isolar os benefícios, estará pronto para receber feedback sobre sua ideia. Comece com amigos, colegas, mentores e outras pessoas em quem você confia para serem sinceras, porém compreensivas.

Quanto mais os outros puderem sentir, saborear, tocar e "ver" a ideia representada, como se já fosse uma realidade e estivesse operacional, maior será seu sucesso de venda. Então, faça um esboço, crie slides. Faça qualquer coisa que seja visual e forneça um ponto de referência comum. Uma comunicação eficaz é meio caminho andado. As pessoas não gostam de admitir que "não entendem", que não compreendem sua ideia, que é muito complicada. Mas, como todo propagador sabe, se as pessoas não entendem, elas não compram.

Ajude as pessoas a verem o que sua visão poderia ser.

Qualquer alteração proposta deve se relacionar à questão da aceitação do cliente. Quanto tempo leva para todos os seus clientes, parceiros, guardiões e usuários finais integrarem seus novos produtos e serviços, para amortizar os custos ou encontrar tempo para aprender a usar suas novas ideias? E o que você pode fazer no início do processo para acelerar a capacidade do cliente de deduzir valor a partir de suas ideias ao final do processo?

2. Deixe os Outros Pensarem que a Ideia Foi Deles

Evan Roth, campeão de inovação Nelnet, uma vez me disse que "o segredo é posicionar as coisas de modo que não pareçam 'ideia minha', mas uma ideia conjunta ou mesmo deles. É mais fácil vender a alguém sua própria ideia e não estar tão preocupado em levar o crédito. Em última análise, a unidade de negócios tem que desempenhar a ideia de qualquer maneira. Para mim, a recompensa é ver a iniciativa implementada, não importa de quem tenha sido a ideia".

Um funcionário disse: "A melhor técnica que uso é construir relacionamentos com os outros com base em experiências passadas ou construindo credibilidade em minhas recomendações. Lógica baseada em fato é a melhor abordagem; no entanto, não é suficiente vender a ideia. Persistência é outra característica-chave. Além disso, obter alinhamento com os influenciadores-chave é fundamental para impulsionar a ideia dentro de minha divisão".

Aqui, a partir de uma de minhas pesquisas, está um comentário para refletir: "Concorde em não forçar a si mesmo e suas ideias. O atrito origina-se de uma coisa: falta de respeito. Não seja intrometido ou arrogante. Nem tudo está relacionado a você, você nem sempre está certo. Se alguém o está evitando, provavelmente é por um motivo relacionado a você. Você, de alguma forma, não respeitou alguém, e agora não querem ter nada a ver com você, e o atrito começou".

Inovadores compartilham o crédito.

3. Personalize Seu Estilo de Comunicação

Como você "vende" uma ideia depende, em grande parte, para quem você está vendendo. Argumentar com a gestão sênior sobre um comitê de financiamento de gestão de ideias é um trabalho de vendas diferente de apresentar uma ideia para sua equipe. Se você está apresentando uma ideia para a administração, é diferente de apresentar para seus colegas. Propagadores eficazes descobrem o máximo possível sobre os estilos de pensamento daqueles para quem estão vendendo. Se você lida com várias pessoas, como marketing, vendas, recursos humanos, finanças, tecnologia da informação (TI) e outras especializações, precisará incorporar vários dispositivos para satisfazer os membros de cada grupo.

Pense sobre o estilo de inovação da pessoa, ou pessoas, para quem você apresentará sua ideia. Eles estão visualizando, explorando, modificando ou experimentando? Eles tendem a ficar mais confortáveis em mudar o sistema ou aperfeiçoá-lo? Pessoas analíticas precisam de dados e números que dão suporte à sua ideia. Se seu público é mais orientado para a visão geral, não os encha de detalhes. Eles sabem que todas essas coisas têm que ser resolvidas. Em vez disso, certifique-se de demonstrar como a ideia está de acordo com os alvos de crescimento da empresa e como avança em suas metas. Use palavras de motivação. Não importa quem seja seu público, seja absolutamente claro na maneira de descrever sua ideia e na forma de apresentar seus argumentos, de modo que ninguém fique para trás na complexidade.

Inovadores usam linguagem familiar.

4. Torne Seguro para os Compradores Dizerem que Sim

Sua nova ideia diz: "Tem que haver uma maneira melhor, e é esta. A forma como estamos resolvendo esse problema hoje não é tão boa quanto à maneira como poderíamos resolvê-lo". Mas também sugere que as pessoas troquem a segurança da forma atual pela nova forma que apresenta potenciais perigos. Ela pede que assumam o risco, um salto do conhecido para o desconhecido. Por isso, é essencial colocar-se no lugar do outro e aliviar seu desconforto, minimizando os riscos para que seja seguro para o comprador da ideia dizer sim.

Uma maneira de fazer isso é por meio da experimentação segura. Como você pode fazer da reversibilidade uma maneira de levar as pessoas a experimentar sua ideia? A antiga garantia "seu dinheiro de volta" é uma forma comprovada. Garanta às pessoas que poderão facilmente voltar para a forma antiga de fazer as coisas se elas, no fim, não gostarem do novo método que você está propondo. Isso reduz a resistência. Espera-se que os resultados alcançados mais do que compensarão os custos da mudança para sua forma inovadora de fazer as coisas, e as pessoas não irão querer voltar à forma antiga.

5. Concentre-se nos Benefícios e em Superar a Resistência

Benefícios é no que cada vendedor aprende a se concentrar ao abordar a questão "o que ganho com isso?". Isso significa explicar não apenas como a ideia funcionará ou suas características, mas o que ela fará por aqueles para os quais deverá agregar valor. Criará satisfação adicional do cliente porque oferece maior velocidade ou conveniência? Reduzirá os custos para sua organização? Levantará a moral dos funcionários ou deixará o local de trabalho um pouco mais divertido? Aumentará a segurança ou a eficiência?

Não importa quão óbvios sejam os benefícios, algumas ideias vendem-se sozinhas. Você vivenciará resistência e, às vezes, poderá não ser capaz de identificar de onde está vindo, seja interna ou externamente. Você encontrará problemas que nunca poderia ter previsto. O mercado reagirá independentemente do que você ou qualquer um de sua equipe esperava. Mas, o inovador experiente sabe esperar o inesperado e antecipar permanência para superar objeções, vender aos céticos e lidar com o imprevisto.

Vender uma inovação, tanto interna quanto externamente, depende de convencer as pessoas a adotar uma nova ideia. Implicitamente, isso exige que aceitem a mudança. Adotar sua ideia requer um processo de aprendizagem para funcionar ativamente. É realizado porque é exigido do indivíduo — por exemplo, pela pessoa a quem você se reporta — ou voluntariamente. Baseia-se em um conjunto complexo de crenças, sentimentos e motivações — a partir do "desejo de impressionar os outros" até "não querer parecer ultrapassado".

É de se esperar tal resistência a maneiras verdadeiramente novas de fazer as coisas, não importa quais sejam os benefícios prometidos e qual seja a promessa da proposta de valor oferecida.

Inovadores percebem que terão de enfrentar resistência, e eles se concentram em vender os benefícios de fazer a mudança para ganhar aceitação.

A crescente realidade é que há simplesmente muitas ideias e muita iniciativa — ainda que melhorias complementares e extensões — perseguindo os recursos finitos e uma capacidade finita de adotar a todas.

As inovações devem ser oportunas para aceitação ideal.

6. Use o Poder das Histórias

Quando você conta histórias, elas ativam a imaginação das pessoas e se tornam lenha para suas próprias fogueiras criativas. Amam você por ajudar a estimulá-los dessa maneira. É a coisa que me mantém animado durante as palestras. Um executivo veio até mim após uma de minhas palestras e disse: "Concordei com você cerca de 80% do tempo, e eu estava tão envolvido por aquilo que você estava dizendo porque você estava traduzindo em palavras as coisas sobre as quais eu pensava lá no fundo, mas nunca tive tempo para escrever. Mas", ele fez uma pausa para respirar, "confesso que os outros 20% do tempo eu não estava ouvindo, porque eu estava escrevendo muito rápido para capturar as ideias que subitamente inundaram minha mente. Saio daqui [apontando para seu bloco de notas] com uma ideia que definitivamente colocarei em prática".

7. Cruze Fronteiras para Construir Apoio para Sua Ideia

Perguntei a Jennifer Rock, da Best Buy, sobre os obstáculos que ela teve que superar para obter apoio do novo departamento. "O que você está fazendo me parece, tradicionalmente, território de Recursos Humanos. Como você contornou isso? Foi rejeitada pelo RH?"

Construa a Aceitação de Novas Ideias

"Acho que se trata dos relacionamentos que você forma", ela respondeu. "É garantir que nossos parceiros de RH estão de acordo com o que estamos fazendo e tentando." Em outras palavras, onde alguns podem ver problemas, Jen falou suavemente sobre as oportunidades mutuamente benéficas. Onde alguns veem disputas territoriais, Jennifer vê a chance de parceria, a necessidade de comunicar e o processo de criar oportunidades em que todos saem ganhando.

Ser um solucionador de problemas é parte integrante de ser um inovador eficaz — especialmente se o problema envolve pessoas que são de diferentes silos na organização. (Os silos aos quais me refiro aqui poderiam ser uma unidade de negócios, um departamento, uma divisão, uma região ou um território.)

Nós, seres humanos, tendemos a ser leais ao nosso silo, e uma vez que produzimos certo desenvolvimento — por exemplo, soluções de TI ou de folha de pagamento —, desenvolve-se uma linguagem comum. Os líderes dos silos costumam construir moral, muitas vezes reforçando os valores compartilhados e as suposições comuns que definem o subgrupo. Os interesses do silo não são, necessariamente, os mesmos de outros silos ou outros centros de potência na organização. Então, o que costuma ser necessário para que ocorra a inovação e a união de diferentes silos, para construir confiança e gerar comunicação entre estes? De quem é essa tarefa? Quem são os construtores de pontes e os poucos, em qualquer organização, com a motivação e as habilidades para fazer o que é necessário? Ora, os inovadores, é claro!

8. Seja Persistente

A equipe da 3M responsável pelo lançamento do Post-it estava ficando desesperada. A gerência sênior estava ameaçando acabar com o produto, considerando-o um fracasso. Ele estava em algumas lojas, mas ninguém o comprava. Era quase impossível fazer com que os varejistas estocassem o produto. Eles não o compreendiam, seus clientes não estavam clamando por ele. E quem precisava desses pequenos blocos de papel bobo quando se pode simplesmente usar um rascunho? O que fazer?

"Richmond", alguém sugeriu. E, assim, vários membros da equipe da 3M levaram malas cheias dos pequenos blocos de papel adesivo para o distrito de negócios de Richmond, Virgínia, e os distribuíram nas ruas. Foi um ponto crítico. As pessoas começaram a fixá-los em todos os lugares, encontrando utilidade, e começaram a pedir por eles nas lojas de varejo. O resto é história da inovação. Post-its trouxeram bilhões a mais para o lucro bruto e líquido da 3M e se destacam como um ícone desse ingrediente final do processo de inovação.

Descoberta e invenção de um novo produto ou serviço não é suficiente. Para obter crescimento da inovação, você tem que construir a aceitação de sua ideia, às vezes um cliente por vez. Você tem que sair e bater nas portas, e encontrar pessoas que podem usar seu produto. Nestes dias atuais, como diria o inventor do mouse de computador, Douglas Engelbart, o maior desafio não é como fazer uma ratoeira melhor, mas como fazer as pessoas usarem essa ratoeira.

As pessoas não sabem que precisam de sua inovação até experimentá-la.

COMO DOMINAR ESTA HABILIDADE-I

Vender novas ideias com sucesso é a habilidade essencial de líderes adeptos da inovação. Na imaginação do público, vender costuma ser confundido com vendedor ambulante, manipulação, política, vendedores insistentes e práticas repugnantes. Mas, como todo inovador bem-sucedido sabe, nada acontece até que a venda seja feita.

Conforme você reflete sobre as sugestões e técnicas deste capítulo, considere o seguinte: tente fixar sua ideia em vários lugares dentro da empresa e com o maior número possível de clientes importantes fora dela.

Pergunte a si mesmo:

- A ideia está de acordo com minha esfera de influência, histórico de realização e reputação geral?

- É o momento certo para adotar essa ideia?

- Tenho semeado várias sementes e educado pessoas influentes sobre o mérito de fazer essa mudança?

- Quem realmente usou essa ideia e quais foram os resultados?

- Que informação ou conhecimento eu preciso obter para alcançar esse objetivo?

Mark Twain disse: "Sou a favor do progresso. O que não gosto é de mudança". E assim é com a maior parte da humanidade. E assim é com a busca por novas formas de fazer as coisas. Aprenda a apreciar a jornada desde a ideia até a implementação, porque sua busca pela ideia quase sempre acaba em algum lugar inesperado. O importante não é se você e sua equipe marcam um gol, mas se você reforça sua reputação de ser um jogador-chave e tenta de verdade, por ter se arriscado, em vez de se sentar e observar. Por ter tido uma ideia que era forte, bem fundamentada e oportuna.

UMA ÚLTIMA CONSIDERAÇÃO

Quando concluí este livro e o enviei para a publicação, pensei sobre a escolha que discutimos pela primeira vez no Capítulo 1.

É a escolha de continuar a fazer o que você faz da maneira que sempre faz — e esperar que os ventos da ruptura soprem e, de alguma forma, não o afetem.

Se você leu até aqui, sei que você é uma pessoa que quer fazer uma escolha diferente. Essa escolha envolve apoderar-se da mensagem deste livro e assumir o comando para desenvolver e utilizar suas Habilidades-I para conduzir sua carreira em uma direção completamente diferente. Boa sorte e muito sucesso em sua jornada.

Notas

CAPÍTULO I

"Tenho muita autonomia no meu trabalho..." é de uma entrevista com o autor. Observação: muitas das 43 pessoas entrevistadas para este livro falaram sem autorização da comunicação corporativa, por isso pedi que seus nomes não fossem usados.

CAPÍTULO 2

"Buscamos adaptabilidade e flexibilidade...": os comentários de Anne Mulcahy são de "The Keeper of the Tapping Pencil", uma entrevista com o CEO da Xerox, feita por Adam Bryant, do *The New York Times*, em 21 de março de 2009.

"Com os custos da contratação de pessoas subindo...": os comentários de Brent Gow são de uma entrevista com o autor.

"Como auditor iniciante, não sou encorajado a ser inovador...": os comentários de Jonathan A. são de uma entrevista com Ariel Cohen, pesquisador para este livro.

A última história de Sue Kimmick é de uma entrevista com Chris Tucker, um associado da enfermeira, feita pelo autor.

CAPÍTULO 3

"Acho que a primeira coisa que eles provavelmente diriam é...": os comentários de Lisa Peters são de uma entrevista com o autor.

"Na Whirlpool resolvemos as tarefas das pessoas...": os comentários de Moises Norena são de uma entrevista com o autor.

Apenas 21% dos funcionários entrevistados estão comprometidos com seu trabalho. Essa estatística é do "Study Finds Significant 'Engagement Gap' Among Global Workforce", Towers Perrin Study, publicado em 22 de outubro de 2007.

O Inventário de Estilos de Inovação foi criado por William Miller. Para mais informações, consulte: innovationstyles.com (conteúdo em inglês).

HABILIDADE-I Nº1: ACEITE A MENTALIDADE DA OPORTUNIDADE

"Não consegui tirar de minha mente...": o comentário de Donald Schoendorfer é do site da instituição de caridade. Consulte: freewheelchairmission.org (conteúdo em inglês).

"Os clientes nos ligam todos os dias e às vezes estão infelizes...": os comentários do professor Alan Robinson são da Corporate Creativity, por Alan Robinson e Sam Stern (Berrett-Koehler, 1997).

O livro de Clayton Christensen *O Dilema da Inovação*, foi publicado no Brasil em 2001 pela M. Books.

"Considero a preguiça uma das maiores virtudes de um engenheiro...": os comentários de Matt Carothers, da Cox Communications, são de uma entrevista com o autor.

"Minha formação era em vendas...": os comentários de Tom Dolan, da Xerox, são de uma entrevista com o autor.

HABILIDADE-I Nº2: ATAQUE AS SUPOSIÇÕES

"As pessoas têm um monte de opções de onde ficar...": os comentários de "Victor" são de entrevistas com o autor.

"Quando as pessoas se deparam com uma maioria que concorda com determinada atitude...": a observação de Charlan Nemeth é do artigo "Managing Innovation: When Less is More," *California Management Review*, de outono de 1997.

A pesquisa de Juliet Shorr sobre as horas de trabalho é de seu livro *The Overworked American*, Basic Books, 1992, página 29.

Todos os dias o usuário médio envia 34 e-mails e recebe 99, de acordo com uma pesquisa do Radicati Group, em que se constata que o tráfego de e-mails corporativos continua sua ascensão dramática no mundo inteiro.

"As pessoas que não acreditam que foram abençoadas com criatividade...": os comentários de David Campbell são de uma entrevista com o autor.

"Na maior parte do tempo você segue caminhos que não levam a nada...": os comentários de Lee Clow são de uma entrevista com o autor.

"Você pode ser realmente inovadora, mas se a organização que você trabalha não muda...": as observações de Nancy Snyder são de uma entrevista com o autor.

Notas

"A criatividade da qual falo é diferente da resolução de problemas...":
os comentários de Michael Ray são de seu livro *Criatividade
nos Negócios*, de Michael Ray e Rochelle Myers, Record, 1996.

HABILIDADE-I Nº3: CULTIVE ENTUSIASMO PELO CLIENTE FINAL

"Nosso sucesso, como com qualquer varejista, resume-se à interação entre um cliente e um funcionário...": os comentários de
Jennifer Rock são de uma entrevista com o autor.

HABILIDADE-I Nº4: PENSE À FRENTE DA CONCORRÊNCIA

"Pensar no que seu oponente fará nas próximas três jogadas é uma
boa disciplina...": os comentários de Filippo Passerini são de
uma entrevista com o autor.

"Minha rede é onde obtenho algumas das minhas melhores ideias...":
os comentários de John Draper são de uma entrevista com o
autor.

"Eu recomendaria desenvolver uma rede de especialistas...": os comentários de Christopher Rollyson são de uma entrevista
com o autor.

"Nossa capacidade de interpretar o texto, de formar as ricas conexões
mentais quando lemos profundamente...": as ideias de Nicholas
Carr são de seu artigo "Is Google Making Us Stupid?", Atlantic
Monthly, de julho/agosto de 2008.

"A visão é apenas um acúmulo de informações...": os comentários
de Frederick Smith são de uma entrevista pessoal com o autor.

HABILIDADE-I N°5: TORNE-SE UMA FÁBRICA DE IDEIAS

"Uma vez por mês, agendo o que chamo de um Dia de Doug...": os comentários de Doug Greene são de uma entrevista com o autor, relatada pela primeira vez no livro *Winning the Innovation Game*, publicado pela Baker House Books, 1986.

"Eu estava ansioso para ser transferido por causa da oportunidade...": os comentários de Justin Welke são de "the Best Places to Launch a Career", Bloomberg BusinessWeek, 14 de setembro de 2009; diariamente, o usuário médio envia 34 e-mails e recebé 99.

"Pessoas que são multitarefa são péssimas em tudo...": os comentários de Clifford Nass são de "The Mediocre Multitasker", de Ruth Pennebaker, *The New York Times*, 30 de agosto de 2009.

Um em cada cinco executivos leva seus laptops nas férias: de "One in Five Take Laptops Along on Vacation", por Alan Fram, *Santa Barbara News Press*, 2 de junho de 2007.

HABILIDADE-I N°6: TORNE-SE UM COLABORADOR DE DESTAQUE

"Tenho uma visão muito boa...": os comentários do CEO da Whirlpool, Dave Whitwam, são de "A Chat with Dave Whitwam", *BusinessWeek*, 21 de setembro de 2000.

"Descobrir como trabalhar em equipe...": os comentários de Nancy Snyder são de uma entrevista com o autor.

"Você pode ter uma grande pessoa que não trabalha bem em equipe...": o comentário de Will Wright é de "Are You a Solvent, or the Glue?", uma entrevista conduzida por Adam Bryant, *The New York Times*, 14 de junho de 2009.

HABILIDADE-I Nº7: CONSTRUA A ACEITAÇÃO DE NOVAS IDEIAS

"O segredo é posicionar as coisas de modo que não pareçam ideia minha...": os comentários de Evan Roth são de uma entrevista com o autor.

Agradecimentos

Eu gostaria de estender meus agradecimentos e apreço sincero às muitas pessoas que ajudaram a tornar este livro possível.

- Minha esposa, Carolyn McQuay, cujo amor, apoio e companheirismo tornam minha vida completa.

- Robert Jacobson, que foi um dos primeiros a apoiar este projeto e que nos apresentou a várias pessoas sobre as quais você lerá nestas páginas. Obrigado, Bob, por sua natureza generosa e pelas conversas estimulantes que tivemos.

- Jonathan Vejar, Blair Miller e Tom Mulhern, pela frase "mentalidade, conjunto de habilidades e conjunto de ferramentas do inovador", que é a essência deste livro.

- Todos os gerentes, CEOs e contribuintes individuais que entrevistamos para este livro. No fim das contas, muitos estavam relutantes em ter seus nomes impressos por medo de ostentar ou receber crédito indevido.

- Minha formidável equipe de pesquisa, em sua maioria composta por alunos graduados e não graduados da Universidade da Califórnia, em Santa Barbara: Erica Johnson, Ariel Cohen,

Agradecimentos

Samantha Lutz, Jeff Sloan, Cara Rose Tucker, Jennifer Wilson e Margaret Retsch.

- À talentosa Susan Suffes, que ajudou a moldar o manuscrito inicial em algo que se assemelhasse à prosa.

- Às muitas pessoas que leram e comentaram o manuscrito, incluindo Rebecca Winter, Karen Tucker, Peter Chee, Rinaldo Brutoco, Katherine Armstrong, Danielle Scott, Dave Wood, Mike McNair, Jeevan Sivasubramaniam e Steve Piersanti.

- E, por fim, ao agente James Levine, por me apresentar à equipe de excelência mundial na John Wiley & Sons, especialmente o editor sênior Richard Narramore e a editora sênior de produção Deborah Schindlar. Obrigado por ajudar a tornar este livro o melhor possível.

Sobre o Autor

Robert B. Tucker é presidente do Innovation Resource Consulting Group e um dos palestrantes sobre inovação, líderes de workshop e consultores mais requisitados no mundo de hoje. Ele treina funcionários, gerentes, executivos sêniores e organizações inteiras para alcançar taxas mais altas de produtividade e crescimento por meio do domínio da inovação.

Ex-professor adjunto na Universidade da Califórnia, em Los Angeles, Tucker teve um olhar pioneiro dos traços de sucesso de líderes inovadores, e o resultado disso é o livro *Winning the Innovation Game*, em 1986. Seu best-seller internacional de 1992, *Administrando o Futuro: As 10 Forças de Mudança para Vencer a Concorrência* (edição em português publicada em 1995, pela Record), examinou os condutores profundamente enraizados de comportamento social e de consumo. *Driving Growth Through Innovation*, publicado em 2002, relatou sobre as 23 "empresas de inovação de vanguarda" que estavam à frente para estabelecer abordagens de inovação sistemáticas e exclusivas para empresa.

Os clientes variam de Global 500 até associações comerciais nacionais e internacionais e organizações sem fins lucrativos e governamentais. Tucker foi consultor do Ministério do Desenvolvimento Econômico de Taiwan, da Associação de Marketing do

Sobre o Autor

Japão e da Easter Seals Society. Ele compartilhou suas ferramentas e técnicas fortalecedoras com grupos em toda a América do Norte e em 35 países.

Como um dos líderes do pensamento no crescente Movimento de Inovação, Tucker é um blogueiro assíduo e contribui para revistas de negócios, como *Journal of Business Strategy, Harvard Management Update* e *Strategy & Leadership*. Sua revista trimestral, *Tucker on Innovation,* é lida por milhares de devotos de todo o mundo. Convidado frequente de talk shows em conferências e convocações corporativas, ele já apareceu na PBS, CBS Radio e Rede 18 da Índia; ele também foi convidado especial na série *The Business of Innovation*, da CNBC, organizada por Maria Bartiromo.

Índice

Símbolos

3M, 54, 177-178

A

American Payroll Association, 15

Aspartame, 54

B

Bank of New York, 23

Bennis, Warren, 157

Best Buy. *Veja* Rock, Jennifer

Boston Consulting Group, 39

BridgeClimb, 168

Brutoco, Rinaldo, 131

Bryant, Adam, 149

C

"Criatividade Pessoal nos Negócios", 85

Campanhas para Eliminar Trabalho.

Campbell, David, 74-75

Carothers, Matt, 57-58

Carr, Nicholas, 119-120

Cave, Paul, 168

Center for Creative Leadership, 74

Chiat/Day Advertising, 75

Christensen, Clayton, 55

Circuit City, 93-94

Clow, Lee, 75

Corporate Creativity (Robinson, Stern), 55

Cox Communications, 57

Creativity in Business (Ray), 85

Cross, Rob, 158-159

Cultura, 39. *Veja também* Inovação, cultura da empresa

D

"Dia de Doug", 125-126, 142-143

Dolan, Tom, 60-63, 78-79

Draper, John, 114

Driving Growth Through Innovation (Tucker), 39

E

Empatia, 98-99
Engelbart, Douglas, 178

F

FedEx. *Veja* Smith, Fred
Ferguson, Marilyn, 31
Fora de Série — Outliers (Gladwell), 81
Ford, Henry, 86-87
Free Wheelchair Mission, 48
Freiberg, Jackie, 98-99
Freiberg, Kevin, 98 -99
Friedman, Thomas, 121

G

G.D. Searle Company, 54
Galbraith, John Kenneth, 68
Gladwell, Malcolm, 81
Gow, Brent, 15-17
Greene, Doug, 125-126

H

Harmon, Willis, 131
Harvard University, 55, 98
Hyatt Regency, 65-66

I

IBM, 57
Indispensável, 25. *Veja também* Inovação, indispensabilidade
Inovação
  definida, 12
  estilo, 135
    experimentação, 137
    exploração, 136-137
    modificação, 136
    visão, 135-136
  estratégia, 26
    construindo o futuro, 29-30
    cultura da empresa, 38-41
    deliberação presente/ futura, 26-28
    em 5 anos, 28-29
    engajados no trabalho, 34
    estilo de inovação, 34-36
    juntando tudo, 42-43
    negócios da empresa, 36-38
    proporção de sucesso/ fracasso, 31-32
    proposta de valor, 32-33

Índice

realização mais
inovadora, 30-31

indispensabilidade, 24-25

inovando em qualquer
lugar, 17-19

para inventar o futuro, 7

*Veja também princípios da
Habilidade-I*

Inventário de Estilos de Inovação,
35-36

J

Jobs, Steve, 91-92

Jump Associates, 101

K

Kelly, Robert, 23

Kinnick, Sue, 19-21, 170

Klein, Katherine J., 160, 161-162

L

LeBoeuf, Michael, 97-98

Levitt, Ted, 98

Líderes adeptos da inovação, 4-6
Veja também Gow,
Brent; Mulcahy,
Anne; Norena,
Moises; Peters, Lisa;
Snyder, Nancy; Salk,
Jonas; Tharp, Twyla;
Wright, Will

Lim, Beng-Chong, 161

M

Mead Consumer Products, 114

Mead, Margaret, 147

Mellon Bank, 23

Mentalidade da oportunidade.
Veja princípios da
Habilidade-I,
agregando valor

Microculturas, 39

Miller, William, 35, 135

Modo derrotista, 27

Modo inovador, 27

Modo sonhador, 27

Modo sustentador, 27

Modos de pensamento, 27-28

Mulcahy, Anne, 11-12, 61

N

Nanyang Technological
University, 161

Nass, Clifford, 132

Nelnet, 172

Nemeth, Charlan, 67-68

New Hope Communications, 125

Norena, Moises, 29-30

Nuts (Freiberg, Freiberg), 98

Índice

O

O Dilema da Inovação (Christensen), 55

O Mundo é Plano (Friedman), 121

P

Parker, Andrew, 158-159

Passerini, Filippo, 107-109

Patnaik, Dev, 101

Peters, Lisa, 23-24, 32-33

Pfizer, 54

Platão, 137

Poliomelite, 110

Procter & Gamble. *Veja* Passerini, Filippo

Princípios das Habilidades-I, 5, 12-21

abordagem do trabalho e dos desafios diários, 13-15

aceitação de novas ideias

construir apoio, 176-177

contar histórias, 175

dividir crédito, 172

dominar esta habilidade, 178-179

estilo de comunicação, 173

experimentação segura, 173-174

persistência, 177-178

pesquisa 171-172

superar a resistência, 174-175

visão geral, 167-170

agindo, 19-21

agregando valor, 15-17, 24, 47-49

"deve que haver uma maneira melhor", 53-54

acidentes felizes, 54-55

dominando a habilidade, 63

exemplo de caso, 60-63

mentalidade da oportunidade, 49-50

pensar grande, 59-60

pensar pequeno, 51-53

perspectiva, 50-51

problemas não resolvidos, 55-57

trabalho que não agrega valor, 57-59

clientes finais

compreenda seu negócio, 97-98

empatia pelos clientes, 98-100

exemplo de caso, 93-97

perspectiva da visão geral, 100

ponto de vista, 101-102

Índice

seu chefe como cliente, 102-103

visão geral, 91-93

colaboração de destaque, 147-149

boa colaboração, 153-154

colaboração ruim, 154-156

colaborador interno, 157-158

composição da equipe, 161-162

convites da equipe, 162-163

dominando esta habilidade, 165

energizador vs. dreno de energia, 158-159

equipes de projetos especiais, 152-153

exemplo de caso, 149-150

lançando sua equipe, 163-164

liderança, 159-160

processo de grupo, 164-165

recompensa, 151

tamanho da equipe, 160-161

visão geral, 147-149

colocando os princípios para funcionar, 21

necessidades não articuladas, 21-22

fábrica de ideias, 125-128

"Dia de Doug", 125-126, 142-143

alavancas, 129

criatividade prática, 133-135

demanda por ideias, 127-128

dominar esta habilidade, 144-145

estilo de inovação, 135-137

estouro, 129

fazer download de suas ideias, 143-144

ficar "desbloqueado", 137-140

inspeção regular de ideias, 128-130

melhorar seu ambiente, 131-132

multitarefa/unitarefa, 132-133

quando e onde a pensar, 130

uso de recreação, 140-142

Índice

inovando em qualquer lugar, 17-19

pensar à frente da concorrência

desenvolvimento do ponto de vista, 119-121

dieta de informação, 110-112

dominando a habilidade, 122-123

exemplo de caso, 107-109

grupo de apoio orientado para ideia, 116-117

ligar os pontos, 121-122

mergulho informativo profundo, 118-119

olhos/ouvidos da organização, 112-114

ouvir más notícias, 122

redes de informação/ apoio, 114-116

visão geral, 105-107

suposições

atacar, 65-68

dominando esta habilidade, 88-89

indústria, 79-88

organizacional, 72-79

pessoal, 68-72

Veja também Inovação

Q

Questão "Cinco porquês", 85-86

Quociente de inovação (QI), 8-9

R

Ray, Michael, 85

Revlon, 98

Revson, Charles, 98

Robinson, Alan, 52

Robinson, Ken, 135

Rock, Jennifer, 94-97, 176

Rollyson, Christopher, 115-116

Roosevelt, Eleanor, 114

Roth, Evan, 172

S

"Spore". *Veja* Wright, Will

Stanford University, 35, 85, 131, 132

Salk, Jonas, 110-111

Sanborn, Mark, 50

Schlatter, James, 54

Schoendorfer, Donald, 48

Scotchgard, 54

Shaw, George Bernard, 67

Sherman, Patsy, 54

Shorr, Juliet, 72

Silby, Wayne, 131-132

Índice

Snyder, Nancy, 76-77, 147-149, 164-165

Sociedade de Profissionais de Recursos Humanos, 23

Southwest Airlines, 99

Starbucks. *Veja também* Gow, Brent

Stern, Sam, 55-56

Suposições da indústria, 79-88. *Veja também* Princípios das Habilidades-I

Suposições organizacionais, 72-79. *Veja também* Princípios da Habilidade-I

Suposições pessoais, 68-72. *Veja também* os princípios da Habilidade-I

T

"The Sims". *Veja* Wright, Will Smith, Fred, 48, 121-122

Televisão nos EUA, 131

Tharp, Twyla, 133-134

The Fred Factor (Sanborn), 50

The Greatest Management Principle in the World (LeBoeuf), 97

The Hidden Power of Social Networks (Cross, Parker), 158

The Innovation Resource Consulting Group, 154

Towers Perrin, 34

Twain, Mark, 179

U

Universidade da Califórnia, 67

Universidade de Massachusetts, 52

Unleashing Innovation: How Whirlpool Transformed an Industry (Snyder), 76

V

Veterans Hospital (Topeka, KS), 19

Viagra, 54

W

Whirlpool. *Veja* Snyder, Nancy

Whitwam, Dave, 148

Why Schools Kill Creativity (Robinson), 135

WIBGI, 51

Winning the Innovation Game (Tucker), 143

Wired to Care: How Companies Prosper When They Create Widespread Empathy (Patnaik), 101

World Business Academy, 131

World Population and Human Values (Salk), 110

Wright, Will, 149-150

Wycoff, Joyce, 51

X

Xerox. *Veja* Dolan, Tom; Mulcahy, Anne

Conheça outros livros de negócios

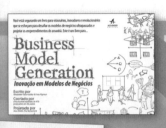

Todas as imagens são meramente ilustrativas

ALTA BOOKS EDITORA

- Idiomas
- Culinária
- Informática
- Negócios
- Guias de Viagem
- Interesse Geral

Visite também nosso site para conhecer lançamentos e futuras publicações!

www.altabooks.com.br

 /altabooks

 /alta_books

Seja autor da Alta Books

Todo o custo de produção fica por conta da editora e você ainda recebe direitos autorais pela venda no período de contrato.*

Envie a sua proposta para autoria@altabooks.com.br ou encaminhe o seu texto** para:
Rua Viúva Cláudio 291 - CEP: 20970-031 Rio de Janeiro

*Caso o projeto seja aprovado pelo Conselho Editorial.

**Qualquer material encaminhado à editora não será devolvido.

Este livro foi impresso nas oficinas gráficas da Editora Vozes Ltda.,
Rua Frei Luís, 100 – Petrópolis, RJ.